士業事務所経営

練　習

１億円へのエチュード

株式会社西河マネジメントセンター監修

西河　豊著

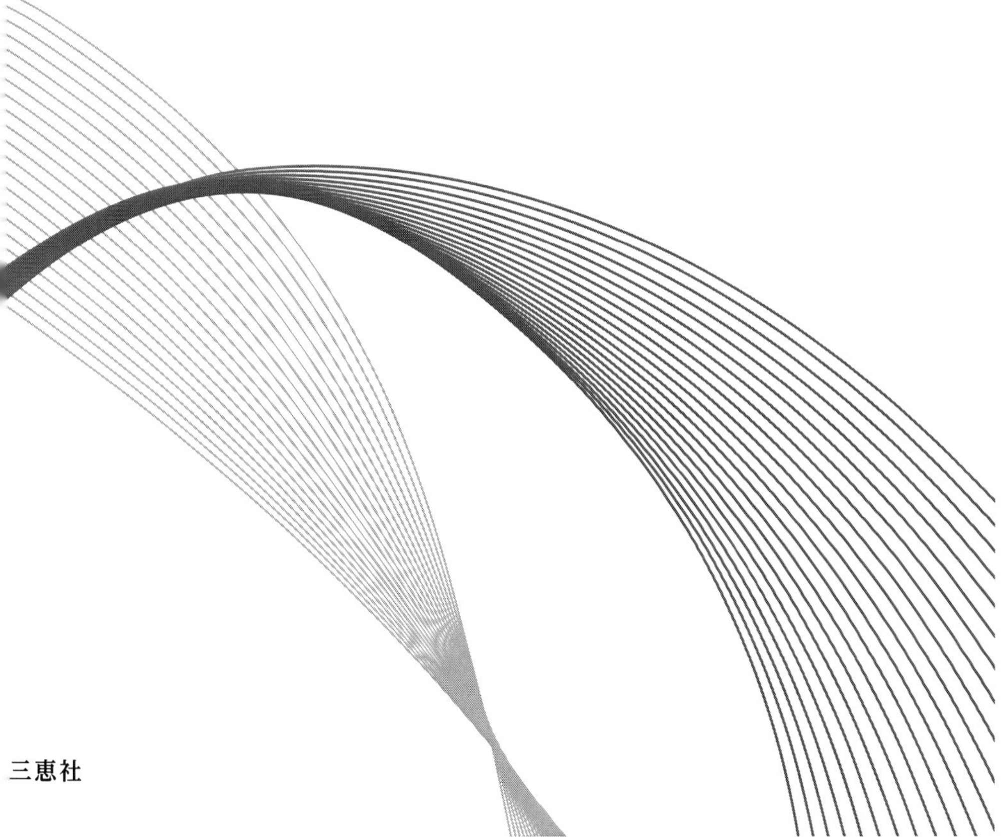

三恵社

はじめに

本書は私の履歴でありSTORY性のあるものです。
売上数値の到達点は、158Pを見てください。
その履歴を何度も往復して、俯瞰する構成になっています。
その時こう考えたというのが積み重なっていきます。
それを鉄則・取り扱いサービスのジャンル・経営書式という視点で行ったり来たりします。
活用できる部分のみ活用してください。

自分のなした行為が、後でどのように反映されているかを見てください。

なした行為が良い結果の場合もあり、悪い結果もある。
それを積み重ねて人は生きている。

自分の判断は自分で責任取るべきです。

そのケーススタディで分岐点を分かりやすく解説したつもりです。章間の相関も分かる図もつけました。
何も考えずに人生を終わることもできますが、そうではない人生を歩んできたつもりです。

人は行きたい地に、成りたい自分に一歩ずつ進んでいる。

今こうして、本書をまとめていますが、どういう道を辿っても今こうしている気がします。
その意識が重要であり、外部環境や運命のせいにしてはいけません。
成りたい自分があり、そちらに進めないとしたら邪魔するものは、自分の性格です。
分かっていてもそれが出来ない天邪鬼な心理です。

外部環境のせいにしている例として、士業の独立パターンとしては「私はいいんですけどね、家庭（特に奥さん）が」と他人のせいにしてサラリーマンをやめられないという言い訳です。その逃げ方は卑怯です。

本書のサブテーマは俯瞰です。（以下、「人生」という言葉を多用していますが、純粋に戦略論として読む場合は「ビジネス」という言葉に置き換えてもらっても結構です）。
ここでの俯瞰とは自分の人生を一歩引いて全体像を見ることを示します。

俯瞰することによりこんなことが起こります。

・結果に右往左往しなくなる。
長い目で見ると損に見えたものが、実はそうではないということが分かってきます。（その逆もあります）。
・自分を一歩引いてみることにより、感情の抑制が効きます。
「かっとする」「嘆く」などは、長い目で見ると人生でいい方に出ることはありません。その分かれ目もケーススタディで示しました。

・経験則が効くようになる。
　あの時はどうだったなど、人生をトータルで見ることにより、より深い人生が送れます。
この経験則については本書で起こった出来事をいかに反省し織り込んでいるかを解説しています。
俯瞰とは究極的には悟りであり、それが完成したら人生は終わるのかなとも思っています。

浅い人生より深い人生を歩みたいと思いませんか？

　開業以来の２４年間の履歴が総て詰まっていますので、何度も繰り返し読み、その経験の深め方を会得するならば、効果は絶大になるでしょう。

そのキャリアを何回も以下の要素で繰り返します。

その要素とは
・学んだ経営の鉄則
・マーケティング分野の特性
・経営書式の使い方です。
こういう時にこうするという学び方です。

「戦略に単一解答はなし」です。本書の内容もあくまでひとつの試行（エチュード）です。

本書では、こうすればよいという単一解は一切書いておりません。
この履歴を読んで、何をすべきかは貴方が考えてください。

士業事務所経営　１億円へのエチュード　目次

参考文献

神田昌典　挑戦する会社　フォレスト出版
楠木 建　ストーリーとしての競争戦略　東洋経済新報社
小山　昇　経営計画は１冊の手帳にまとめなさい　KADOKAWA
ベント・フリウビヤ，ダン・ガードナー　BIG THINGS　サンマーク出版

中小企業庁のサイト 第７章 経営書式編

第４章　履歴編　第５章　鉄則編はドキュメントであり、「である調」の方が、読みやすいと思い「である文体」で書いています。

第Ⅰ部
士業事務所の戦略概説

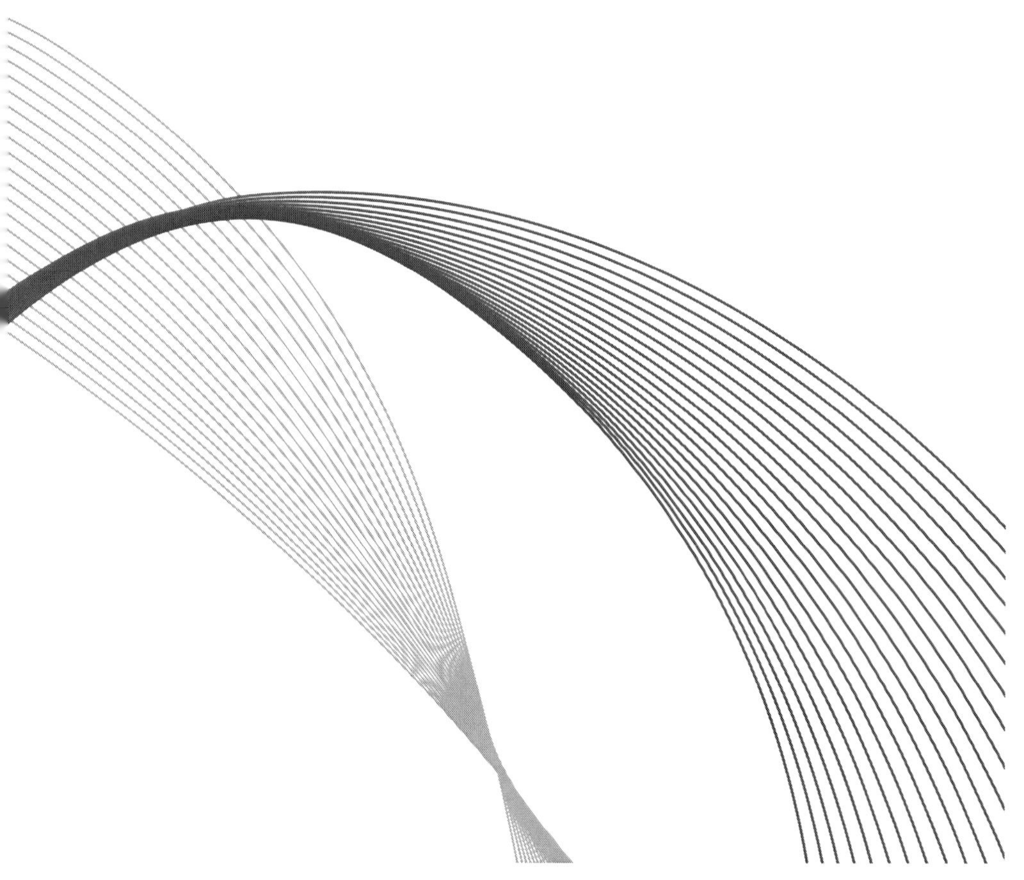

第１章　士業事務所向けミニ戦略講座

１．帰納と演繹を繰り返し戦闘力を上げるしかない

戦略に固定的な答え（単一解ともいう）はありません。
今、「こうやって成功した」という類のセミナーを聞きに行くのはあまり意味がありません。
そういうのを聞いて「いい話を聞いたなあ」という時代は、もう昭和で終わっています。
それだけ二匹目のドジョウはいない時代になってきているのです。
ネットの仕組みを活用して、新たなやり方で稼いだという人はいるでしょう。
そういう人はそれをネタに「これで儲かる」とセミナー事業を始めますが、これも、もう隙間がなくなっている状態なので、その人のみが先駆者利益を得て、２番手以降は恩恵にあずかれません。
そういうもの（セミナー）に頼る気持ちは分かります。
しかし、そういう気持ちになったら自分の心が弱くなっていると感知しましょう。

２．朝令暮改でいい

戦略は、固定化しないことです。すべては途上、ランニン

グしながら考えるのが正解です。
顧客ニーズ以上に、自社を変化させないとニーズの先取りはできません。
戦略を決めたらスモールスタートで実践し、試行錯誤します。
その試行錯誤の回数が命運を握るということです。

３．脅威は内部環境のしかも自分

まず、表題を 1 億円としたのは、労働生産性が低い状態（生業的という）ならば、これは、達成し得ないからです。
コンサルタント・士業事務所系は１千万というとなんとか自分の力でと考えてしまいます。
これで過労死した人を何人か見てきました。（この対策は次章で解説します）。

４．とにかく市場で勝て、理屈付けは後から

儲けの仕組みとはそう簡単なものではないということを肝に銘じた方がいいでしょう。
多分、その会社内に入って１年間見ても分からないかもしれない。
なぜそうなるのかというと試行錯誤の上にそれが成り立っているからです。（A/B テストを繋げていく形）
だからこそ、言葉で今やっていることを表す技術が必要です。
対クライント用、対金融機関用、何かにチャレンジする場合のプレゼン用などです。

そこで、ステークスホルダーに分かりやすく見せるために、SDG’s や人的資本経営・ＢＣＰ（事業継続力強化計画）の制度があります。当社はこのうち、ＢＣＰ計画を認定取得し

ています。
ステークスホルダー以外に会社の計画を見せることを意識すべきは金融機関です。
これについても経営書式編で改めて説明します。

ビジネスというのは日々売り上げを稼ぐという観点と将来のための種をまくという観点を常に持っていないといけません。
80%、20%くらいの割合でしょうか？
この 20%の方は実るのに時間が要りますので、スタートアップは若い方が良いでしょう。
ただし、そう考えたとしても自己満足のプランに終わるケースは多くなります。
履歴編でこのあたりの経験をいかに生かしているかをじっくり読み取ってください。

私の実践の経過です。マネタイズまでは 20 年以上かかりました。結果、士業で独立するなら遅くても 40 歳です。
それ以降に独立しても
・習熟までに効率的な弟子入りがもうできない。
・リスクを背負えない
などの弊害があります。いやそれ以上にもう脳の流動性能力が失われて、何も変われないでしょう。

　労働生産性を上げるというのは一足飛びにはできません。
まずは、人に任せず、自分でやってみて理解してから次のステップに行くことです。（よって一定の試行錯誤の時間はかかります。）
私もそういうステップを踏んできました。それも余さず説明します。その時の考え方も説明しています。

５．士業事務所戦略の陥りやすい方向

ある程度、ランニング出来て、戦略を進めていくと必ずこうなるというパターンを説明します。
天才マーケッターの神田昌典氏のＶ字理論です。

Ｖ字理論

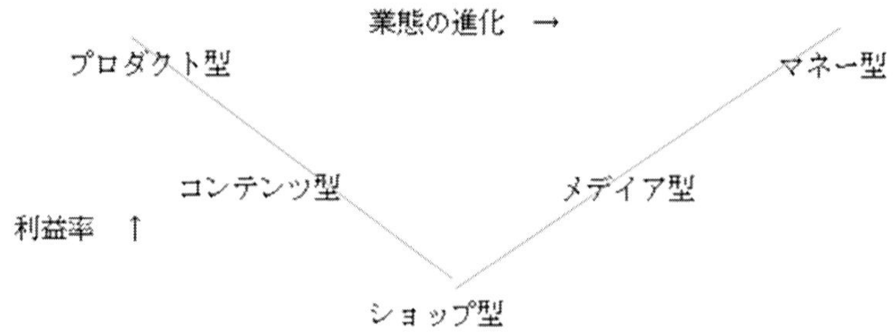

何もしなければ、左端のプロダクト型となります。
これはよく言えば、「顧客ニーズにそって」ということになりますが、悪く言うと「下請け的業務」です。
次第にこのポジションにいるのがつらくなり、情報発信して主体性をもって動こうとすると右にシフトしていきます。
しかし、その段階で必ず利益率が落ちて行きます。
私も「ああこの通り」と感じました。
商品メニューを増やしていくと、見事にこうなります。
単価が落ち、管理コストが増えて、利益率が落ちるということです。
そこで、右半分に移行するためにはブランディングが必要になります。ブランディングとは真のコンテンツ（内容）です。

どうしますか？右に動きますか？やめておきますか？

6．テーマを投げかけられてから中身を作る

「商材は予約がついてから作る」という言葉を紹介します。これは、情報商材の世界の言葉で労働工数の面と資金繰りの面からの鉄則です。
先生業は、セミナー・研修・執筆・コンサルとあらゆる形に対応できなくてはなりません。その準備の作業はオーダーがついてから動き出すべきです。先にそのニーズ調査に目的を絞るのです。
特にやっておくべきはそのジャンルのリスク研究です。
よく見かけるのは、準備作業ばかりで、クライアントとの接触を避けている人です。顧客に近づくべきです。
次に流行ることはお客さんが一番よく知っています。

士業はどういうテーマを選択するかについて、それを決めたなら、そして、当たりが少しでも来たならば、セミナー・研修・執筆・コンサルとどのような形でもやるべきです。
やれるべきなのです。
セミナーはちょっとなどと尻込みするような人は失格です。
コンテンツを決めたなら、話すのも書くのも同じではありませんか？資質的には十分あるはずです。
ここで、前に出るのをためらうようならその後食べていけないでしょう。
なぜ、なんでも取り組むべきかというと、時代によってどのようなものが流行るかわからないからです。（今は SNS で伝えていくというのが流行りですが、これも将来どうなるかは分かりません）。
研修・セミナーなどは最後のメニューのコンサルティングへ向かうツールであり、コンサルティングは外すべきではありません。

そこで、本当のノウハウ出来るのです。
これを避ける人も士業失格です。

７．今のところの唯一の戦略の正解は？

それは、「儲かっても目立ってはいけない」というものです。

「目立たない」

これは、いずれそうなっていくでしょう。
最近の事業の倒れ方は、「後ろから刺される」というものです。新聞紙上を賑わす事件を見て分かる通りです。
今は恨みの世情になっているので派手に出ていけば、必ず、それを刺そうという勢力が出てきますし、ビジネスとして手を貸す人もいます。主に弁護士です。
では、世の中へのアピールはというと静かな宣伝と説明したように SDG’ s 、人的資本経営などの公開で、こういうこともやっていますというエビデンスとして出せばいいのです。

８．事業化したいなら、事業化した人に聞きに行く

これも士業全体として間違った行動をしがちなところです。
法律系の資格の支部の勉強会に行くと、細かい法律の蘊蓄を教えてもらえるだけでそれ以上のものはありません。
そういう知識はネットで得られるので価値のない時代です。
そこで新人の先生が生業の立て方を知ろうと思ってもその勉強会はそういう主旨ではないのです。ニーズを切り分けて、教え貰うのは士業以外の人でもいいのです。その方が視野が広まります。

私は「令和の虎ファンクラブ」というサークルに入っていて、よくオフ会に出かけています。そこでは、若手でも売上をかなり上げている人がいます。特に主宰の岩井良明社長には、起業家としての筋道を教えていただきました。
同業者の集まりはコンフォートゾーンになりがちです。「おまえもダメなのか？」ということで安心してしまいうという心理です。（業界の集まりのこういう雰囲気は士業だけではありませんが）

9．現時点での戦略総括

イメージとして、この時代、売り上げを増していくには、「横にも縦にも強い」ということが大切です。横は情報に強い（早い）ということで、縦は難しい業務を遂行する能力があるということです。縦は難しいが故に報酬は高くなります。
情報に強いというのはやろうと思えばできます。
対策としては、情報は有料情報で集めたいものです。
そこで、一昔前はこの情報をまとめてパッケージとして売りに出すというのが流行りました。
しかし、もうそれは時流から外れています。大手コンサルティング会社は、いまだにこの手法でやろうとしています。
いやほど、営業 DM がくるでしょう？
時流から外れているというのは SNS に情報が氾濫して、一般人も自分でその情報はフリーで取れるからです。
そこで、縦にも深くという顧客の課題解決の戦略しか残されていないのですが、リスクが伴います。
助成金申請はしたくないと避ける社会保険労務士は初めから失格です。
リスクのあるところにしか、報酬はついてこず、そのリスク対応こそがノウハウになるのです。

第２章　規模拡大のための経営者３要件

ここで以下を読む際の条件として、規模拡大を望まないなら参考にしない方が、リスクは低いでしょう。それが本心ならばです。

士業の場合、「先生」と言われて、「いい仕事をしたら感謝される」というコンフォートゾーン（心地よい場所）がありますので、なかなか、階段を上がっていくのには難しいものがあります。
だからこそ、階段を上がっていけば、そこは競争のない無風状態になります。

１．器を広げますか？の問いに正しく答えること

これは、具体的に次章以降でどの段階でどのようなお尋ねが神様からきているかを説明します。
いや、お尋ねとしては、常に、様々な問い合わせが来ているのですが、ちょうどそのステップに合致するものに的確に答えていく必要があります。
何段かを一気に飛ばすランクアップは、普通に考えると無理があります。（それでの成功の可能性が０％とは言いません）。
この問いには、大きな決断の要る「ルビコン川」のパターンと、「ちょっとした分かれ道」で差のつくパターンがありま

す。
その際に、間違った選択をしてしまうのはビジョン設定などではなく、このままでいいという自分の心です。次章で説明します。
書籍ではよく「コンフォートゾーンに留まりたいという心理」と解説されているものです。

２．人間力と合理性を両立させる

「論語とそろばん」「パーパス経営」など両軸で進むという考え方が他の経営指南書にも解説されています。考え方としては流行りです。
「合理性」はいいでしょう。問題は「人間力」です。
この「人間力」の方の説明が難しいのです。
狭義には「義理を守る」ことであり、広義には「常識的なマナー」と言えます。
売上を得るということは自社商品のベネフイットとの交換ということになりますが、実は人は自分の利益だけでは動かないものなのです。
人間性とは人を動かす技術ということも出来ます。
これも「ちょっとした分かれ道」で差のつくパターンで説明します。

例えば、トヨタの豊田章男会長は今でも休日に開催されるレースに一般人に交じって参加して、レース後の懇親会にも参加されています。
そこでは、「章男さん」と呼んでくれと言います。出来る社長はこのように過去からの義理を大切にします。
そんなこと聞くといかなる事件があったとしてもトヨタがつぶれるなんて言えないものです。

これの逆が「人の気持ちが分からないタイプ」です。
人の器というのはトレーニングの過程で広げていけばいい才能です。
ただし、人間力がないと「ちょっとした分かれ道」に気付かなかったり、選択肢の正しい方に乗っていかない懸念があるのです。
よって、この人間力が最も鍵になる要素です。

３．ボクシングのような格闘技をするマインドがあること

　ここで言いたいことは、ガードを上げっぱなしでは、事業というのは広がらないということです。
いわゆる「しょっぱい試合」で終わってしまいます。
ガードを下げて打ち合う気持ちがなければだめです。
具体的に言うと、その話乗ってやろうという一種の遊び心が必要ですし、そこで、騙されないために日頃からトレーニングしておかないといけません。
投資の格言にも「細かな損を積み重ねておけ」というのがあります。このマインドのない人ほど、致命的な嘘に引っかかります。
そこで、役に立つのは、人生観や雑学であり、決して、コンサルティングの技術的なことではありません。
しかし、ボクシングをするからには、下位の選手からラッキーパンチをくらいノックアウトされる一抹のリスクも覚悟しないといけません。
それが事業拡大の本質です。そのリスクを下げる方法はあります。事例で説明しています。

第３章　俯瞰で見る分かれ道

　経営の分岐点ですが、「ルビコン川」と「ちょっとした分かれ道」のパターンがあります。
後者の方が重要です。分岐点と意識せずに何気なしに選択をしてしまうからです。

１．ルビコン川

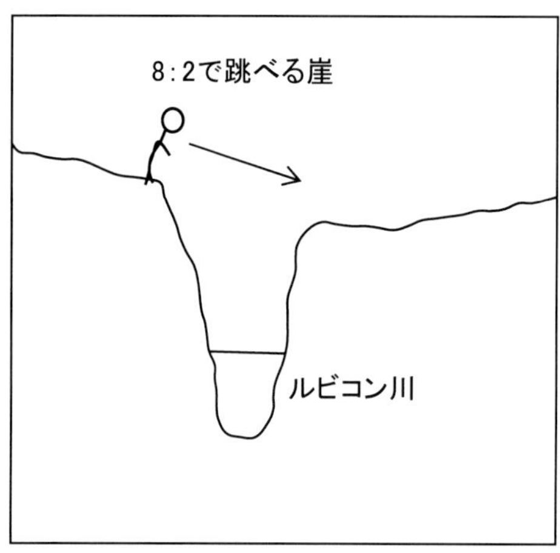

　では、前半の「ルビコン川」です。
これは、聞けばなるほどと思うでしょう。訪れる順に「独立」「雇用」「借入れ」です。それぞれ説明します。

①独立
　独立とサラリーマンの間には明確にルビコン川が流れています。（挿絵では、崖も交えて表現しています）。

許されない言い訳は独立できないことを家族のせいにすることです。
それは、卑怯な言い訳です。
そのような状態にしたのは貴方です。
その人が止めて欲しい奥さんと結婚したのかもしれませんし、逆に、本心を打ち明ければ、ほとんどの奥さんは「あんたの好きなように」と了承するでしょう？
要するに自分の勇気がなかっただけでそれを他人のせいにしてはいけないのです。
同様に独立前に、安定収入は見込めるはずはありません。
それが見込めたら逆に独立ではありません。
実質的には雇い主が変わっただけではないでしょうか。
起業の本質はあくまで、自分の力で０から稼ぐということであり、それ以上のものでもそれ以下のものでもありません。
独立の神髄は「無謀」であり、「賭ける行為」です。それが出来ない人は最初から起業はやめておいた方がいいのです。
しかし、そのリスクは下げられます。それが、マーケティングです。

私が独立した時代と事情が違う点が１点だけあります。
サラリーマンのセカンドビジネスとしての起業が比較的自由になってきたことです。
特に中小企業診断士ではセカンドビジネスで小銭を稼いでいる人はいます。（社会保険労務士などは事務所登録する法的資格なので無理があります）。
それは、それでいいでしょう。
ただ一言だけ言います。それは、あくまでセカンドビジネスであり「内職」です。内職をするために資格を志したのですか？

②雇用

これも中小企業診断士を中心とするコンサルタント系には難しい問題があります。
処理する業務が自分のための勉強だという言い訳が成立してしまうからです。
ここで99.9%の人は事業規模が一人から上に行けません。
特に最初一人目の雇用が非常に難しいのです。
100 万稼いでいたとすると、その中から 50 万渡すような感覚になるからです。
その上、人件費はどんどん上がっていきます。
それ以前に、貴方のところに働きに来る人がいるのかという問題もあります。
独立するとき複数で寄り添って独立するパターンもほとんど失敗します。
役員として報酬なので、その部分のコストが高くなり、失敗しやすい形になり、仲間割れします。

③借入れ

士業事務所は無借金経営の意識が強くあります。
基本的には「雇わず」の体制を取れば、借り入れは要らないからです。
いや、本質的には「借金経営」と「無借金経営」にそれほど違いはないのかもしれません。
「いまある資金」で経営していけば「無借金経営」になるからです。
京都の伝統産業を担っている会社では「借金は悪」と思っている経営者が多く「無借金経営」は多くあります。
ただし、士業事務所の場合、借金もしていないのに借金をしている中小企業経営者の心が分かるのかという疑問もあります。

私の場合はその意識を知るために借りたという面もあります。究極の実践主義者です。
それによりなかなか借入額の償還できないという借り入れの悪弊にも、陥っています。
これは、税制が悪いのです。
「元金返済部分は経費で落ちない。よって、利益を出だしたら税金払いながら返済しないといけない」ということです。

ただし、借り入れという「他人資本」で規模拡大に「レバレッジ（梃子）」がかけられるというメリットは依然としてあります。

２．ちょっとした分かれ道

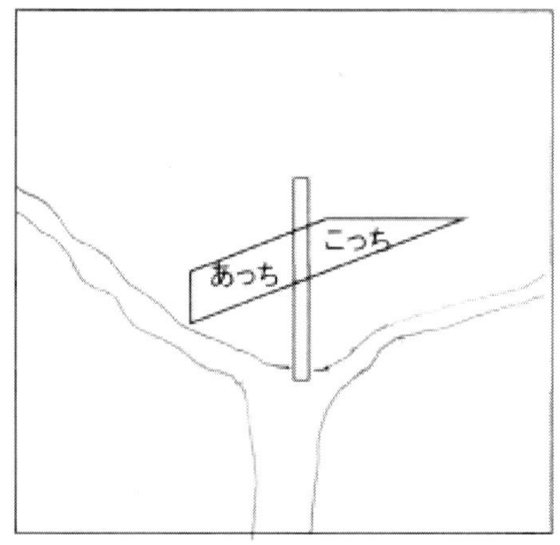

　ちょっとした分かれ道の方です。
ルビコン川のパターンよりこっちの方が、何気ない判断で分かれていくので要注意です。
以下の３つのパターンで別れて道では、「ビジネス機会の声がかかるか？」ということが関わってきます。
「天から見ている神様に微笑まれるか？」と言った方が近い

のかもしれません。

これは、売り上げの伸びる経営者の３要素で書いたうちの人間力が大きく関わってきます。
人間力を鍛えないと私の推奨する方の判断は取りにくいからです。難しいことではなく人を思いやるマナーのようなものです。まさに、ちょっとしたことです。

① 創業時の姿勢

創業時に何をミッションとするかというところで一見顧客志向になっているようで、自分サイドのことばかりになっていないか？というのがここでのポイントです。
まず、「なんでもやります」はあまりいい言葉ではありません。
現実的に見ても、そういう人ほど「なんにもしれくれなかった」という結果に終わりがちです。
基本的に、顧客ニーズを聞いて決めていくというのが王道なのですが、それも自分の得意・不得意がありますので、難しい面があります。
逆に、商品・サービスは決まっているのに、一向にそれを持ってお客さんに近づこうとしないケースもダメです。
そんな人いるのかと思われるかもしれませんが、創業時にテストマーケティングを嫌がる人は意外と多いのです。
その心理は
・それに自分の夢が乗っているので壊されたくない。
・あれこれマイナーチェンジ案を言われると自分の初期の商品設計（思い）がどんどん崩れていくと感じてしまう。
というものです。これが、真の成功から外れているのは分かるでしょう。
創業時にはまだ、明確に売る商品・サービスが決まっていない場合もあります。
では、どうすればいいかというと創業時はある程度「ゆったり」構えましょう。

創業時に日銭欲しさに、下請け志向になりがちなのも要注意です。これは最近の中小企業診断士の場合ですが、独立前から、どこの県支部がどのような斡旋事業を出してくれるかを徹底的に情報収集して良く知っています。
斡旋事業にあやかりたいために複数の支部に所属する人が近年多くなっています。
これは冷静に考えると、下請け体制にずっぽりはまるだけで、長い目で見ると少しもいいことはありません。
その焦る気持ちは分からないでもありません。
しかし、もう少し、長期ビジョンを立てて「何を成し遂げていきたいのか？」を明確にしてから初期の業務の設計をすべきです。

②メールの返答速度
　これも、ちょっとしたことです。
出来る社長程、相手の返答速度を見ています。
何かの問い合わせ、お誘い、引き合いなどで、メールを見て、返事を保留していませんか？
出来る社長のパターンでは、相手が何を考えているかも読めてきます。「自分の得になるか考えているな？」ということです。
そして、この保留時間が長い人は優柔不断に見えてきます。
ほとんどのケースで直感で、Yes・No の判断は決まっていると思います。返答は出来るだけ早くしましょう。待っている方も次の手を打たねばならないので、こういう理由で断るということでもいいのです。小さなところから決断力を鍛えていきましょう。
常に、ここまでは OK という覚悟のラインを持っておくことが重要になります。

③人との別れ方

これも意外なことかもしれません。また、人生を俯瞰しないと分からないことかもしれません。
人間関係は常にうまく行くとは限りません。いやうまく行かないことの方が常です。
その時、啖呵を切って、喧嘩して人間関係を切る人がいます。
それは人生トータルで見るとあまり良くありません。
自己満足に属する行為です。
立つ鳥、跡を濁してはいけないのです。大きな目で見るとあなたとその人の関係など、些細なことです。
振り返ってみれば、お世話になっていたこともあったかもしれません。
私の場合、啖呵を切りたい気持ちをぎりぎりで抑えて、奇麗に分かれました。
その後、ひょんなことから再会して仕事につながった例もあります。
人生の晩年に、過去の恨みからうまくいかなくなる人というのは意外と多いのです。

３．行動を阻むものの存在とその対策

突き詰めれば、日々の仕事とはやるべきことを決めて、日々の業務（Task）に分解してこなして実行（Do）していくだけです。
これを阻むものは外部感環境ではなく、内部環境＝自分の心です。

外部環境が厳しい場合は逆にそれを梃子にして自分を励ます材料にも出来るからです。
これに対して自分が原因である場合の方が、深刻です。
自分がその行動をしないのですから。
成功本では、これを「コンフオートゾーンから動きたくないため」と解説しています。
狭義にはその通りですが、本書ではもう少し広義に解釈して、天邪鬼な心理として説明します。
人が何かをしようとすると、同じくらいのパワーで、それをしたくないという心理が起こります、
冬の寒い日に布団から出るアクション、試験が近づいているので勉強するアクションなどの事例が分かりやすいでしょう。
これを本書ではイドと呼びます。イドとは次頁の図のように深層心理を包むものです。
外部環境に対しては行動という形で影響を与える形になります。
潜在心理の方が本能的に何をなすべきかを知っています。
その行動を阻むのがイドです。
このイドの殻を破るのが大変なのです。
ここでは、これで理解はできると思いますので、これ以上の心理学上のことは説明しません。
これに打ち勝つ技術を持たないと結果として何も成し遂げられないことになりますし、推す力と引く力が相殺して二重にパワーを損していることになります。

これに打ち克つ方法について、研究しました。３つありますが、２つ目は理解し難いかもしれません。

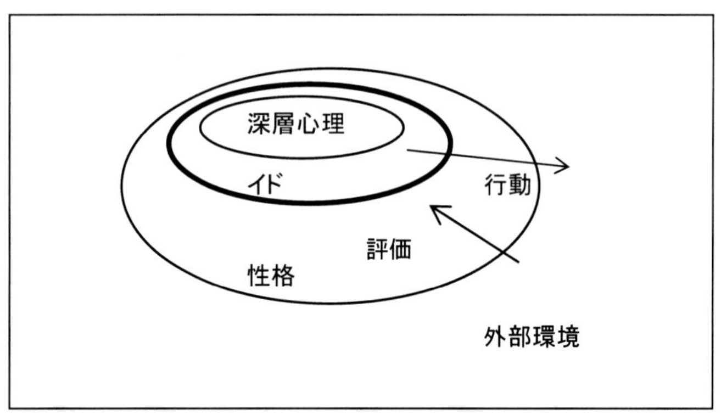

①それが起こりそうになったら「心を抜く」

「無になる」と言う言葉の方が分かりやすいかもしれません。これを具体化したものがリストアップ方式で紙に書いて順にこなしていく方法です。

前日になすべきことをリスト化しておき、当日朝から何も考えずにそれをこなしていくことに専念するのです。（済んだら横線で消しこんでいきます）。

勢いがつくと逆にどんどん消し込みたいという感覚になります。これにも細かい技術があり、一番目の仕事（Task）は、誰にでも簡単に出来ることにします。しかも、ゆっくりとします。ここで、躓くと1日のリズムが出来ないからです。

実は、この方法、多くの出来る社長がやっています。

②「逆」をする

これは理解しにくいかもしれませんが、私は実践で使っています。それはツキのない日、バイオリズムの悪いときは考えて出した結論の逆をするという方法です。

ギャンブルをやっている人にはついていない時は何をやっても裏を取られるということが理解できると思います。

自分を突き放して俯瞰していないとできないかもしれません。

③歩く

A という考えがいいのか？それとも B がいいのかといったんループに入ると同じところをぐるぐる回り始めます。
それは、一定以上は繰り返しても意味はありません。
そういう時、私ならいったん思考を止めて、散歩に出て体を動かします。
血流が良くなるとすっきり結論が出る場合があります。
歩いている時も考えているのかもしれませんし、ストレス解消効果もあります。

ここまでの論と似た表現で、早期に経営計画を作り、それを実行するという観点で書かれた本で最近、活躍しているコンサルタントの小山昇氏の書籍群があります。
氏の「真似でもいいから計画書をスピード重視で作れ」というのは、中小企業者にはほとんど計画書がないのですから一面の真実であると思います。
「人間力」と「合理性」では多少「合理性」に重心が置かれています。

第Ⅱ部
自社事例でみる戦略ケーススタディ

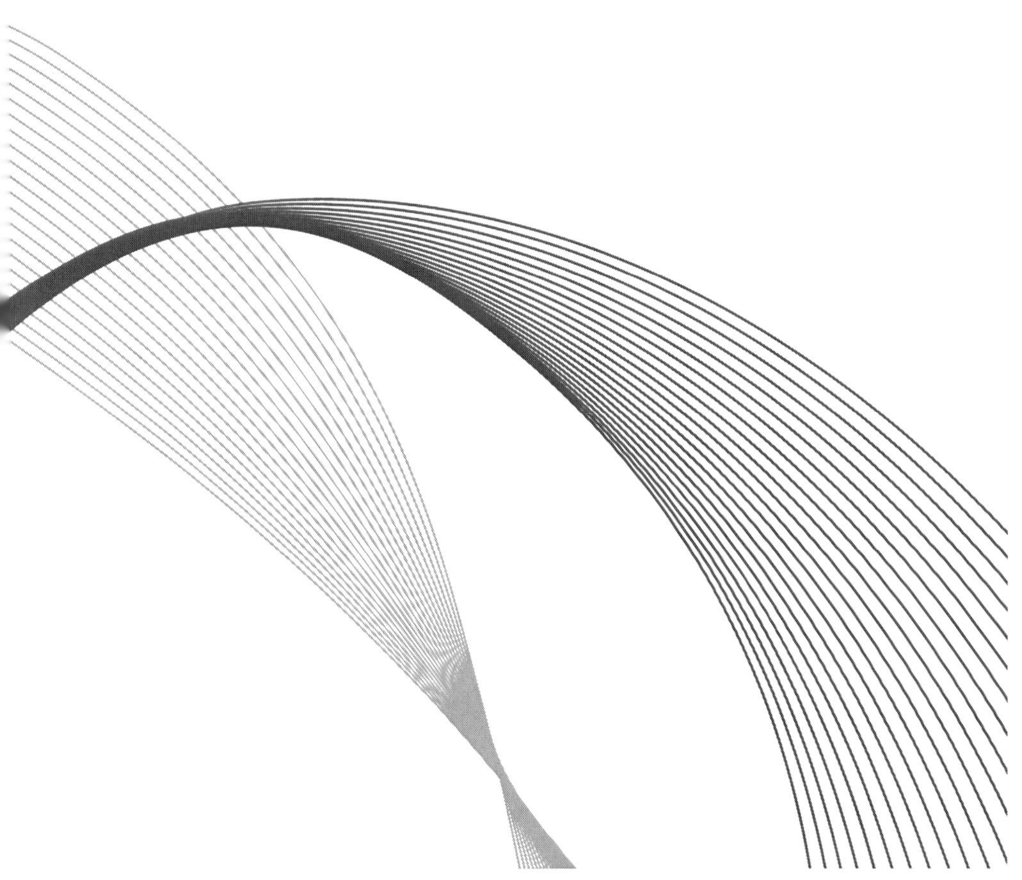

第４章　履歴編

先に結論として、長い履歴を経て現在の経営戦略は現時点での経営方針・戦略を先に書くと

経営哲学・方針
・戦略に「こうすればよい」という単一の解答はなく常に経験則で深化させていく。
・経営戦略は本来、透明で自由な発想であるべきで、道徳的観念を持ち込まない。

経営戦略
・顧客サービスにおいて横（情報収集・情報発信）にも縦（顧客の課題解決完遂）にも強い会社を目指す。
・常に仕組みの構築に全力を尽くす。（再現性の重視）
・サービス業にはこだわらずに事業の一環として経営に関するソフトに常に投資して小売業態も行う。
となる。
なぜそう考えるようになったか？独立以降の履歴を書き綴る。

以下の履歴（上記の方針・戦略も）は、何らかの正解ではない。あくまでケーススタディであり、考え方である。じっくりと自分の事業に落として考えてみて欲しい。

１．黎明期（2000-2005）

2000 年 2 月に金融機関勤務を辞めた。退職の辞令でその時の理事長に「がんばってくれ」と強い握手をされて、涙が出た。その会社が破綻宣言をしていたので、向こうもお詫び調だったのだ。
よく勉強させて貰ったこと、中小企業の経営の類型を見られたのが強みであり、リスクをとれなくなってしまう堅い思考法が弱みとなった。弱みを長年かけて、克服してきた。
このように、この履歴は全て、過去の反省に依っている。

職場を出たら、太陽がやけに明るかった。多少の貯えと退職金での、つつましやかなスタートだった。
ここでは、「太陽が明るかった」というところにポイントがあり、創業時には楽天的でいられるかが、ポイントである。
その後、手持ち資金が減っても、最後に勝てば官軍である。
それが、途中不安になり、勤め人に戻れば、その最後の勝ちはなく、総ては終わる。
この楽天的か悲観的かは教えられるものではなく個人に備わったものである。

３年間は斡旋業務（下請けのこと）に徹した。相談機関からの斡旋（行政受託も受け身なので下請け）や先輩にも仕事を貰った。
それだけでも食えるくらいにはなる。
ここで、間違ってはいけないことをまとめると
・下請け期はそこで仕事覚える期間
・下請けしながらも親企業のやり方を覗く。（決して、悪口を言わない。加えて、元の職場の悪口も厳禁、常に感謝の姿勢であるべき、体育会系精神の社長はそこも厳しく見てい

る）。
・構造的には下請けは、下請けであり、そこを脱出する欲望を持つべきである。よく、プレゼン企画番組で「あなたの夢は何ですか？」と聞かれるが、やはり夢は大切なのである。途中で挫けないためにも、そこに歩いていくためにも・・・

しかし、開業後３年経過くらいで疲れが出てきて、それがひどくなり、うつ病になった。
病院では「真正うつ病」と言われた。
（それだけ嘘のうつ病も多いということ）
なぜ、嫌になったかというと２点ある。
独立できたということで、それがあっている人は数年間は、日々、楽しいというオプションがある。しかし、時間が経つとそれが消えてくる。そして、もう１点、仕事が下請け的であることで、仕事を取れば取るほど、自分を苦しめるだけという構造が見えてきた。

しかし、壁にぶつかれば、それを梃子に次の展開ができる。天井の白い壁を見ながら頭を真っ白にして、考え抜いたことはいまだに役に立っている。
また、苦手なこと、嫌いなことはできないなという当たり前のことに気が付いた。

２. 商品開発期（2006-2012）

日々、うつうつしながらも、そして斡旋された業務をかろうじてこなしながらも、とうとう限界が来てうつ病になった。（うつ病による休業は６カ月に及んだ）先輩診断士のＹ先生の助言である「診断士もサービスメニューの商品開発をしないといけない」という言葉に何かを感じた。それが 2006 年頃ここから海外進出サポートの商品開発に入るのだが、これは大惨敗で後の教訓につながっていく。
準備は複数年に及んだ。その期間は年収３百万くらいで貯えを切り崩した。
ただ、その間、楽しかった、ここで、従来の楽天的性格に加え、ものづくりの楽しさが加わる。これが、後の教訓である「こちらの思い込みでものづくりに入るな」になる。
なぜ失敗したかはマーケットデータと経営者感情とのずれがあったのだが、それは、進出したマーケティングゾーンの研究の章で説明する。（第６章　マーケット分析編 73P 参照）

３．事業展開期（2013-2014）

　この期では、ヒット作が出る。
ヒット作と言ってもそれは新たなやり方で、である。
惨敗に終わった商品開発期に始めたことで、ひとついいことはある。
それは、2012 年から情報発信を始めたことだ。
ビジネスコラムを週２回掲載
メルマガも同じく週２回配信（これが今≒1200 号）
その時から続いているコアなフアンもいる。人はマーケットをニーズで分解したがるが人につくフアンもいるのでマーケットの重なりは大いにあるのだ。
それだけ、事業ドメインは旗が立っていたということだろう。

ヒット作は、ひょんなことから生まれたものである。
ただ、これは偶然ではなく、ネットで網を張っていたものの必然でもある。
ヒット作が出ることは代えがたい喜びにはなる。

やっと事業が転がりだした感があった。
結論から行くと
・事業のソフト化は常に必要
・事業のスピードは必要
ということであり、経験則として
・ソフト化だけでは今は限界がある
・こだわりをどこで切るかもビジネスの要点の一つである。
（この２つは次のステージでの課題となる）。

当時どんなことをしたかというと
商材を海外進出から補助金申請に変えてサイトのアクセスは爆発的に上がった。
そこで、商材サービスを
・コンサルティング
・セミナー
・研修
とバリーションを提示して、ピラミッド式に売り上げを構成していこうというものだった。
当初は補助金申請のマニュアルの販売は思いつかなかった。
それをふとした遊び心で試してビジネス展開が始まっていく。

ここで、時代背景ともクロスする。
時は2013年でアベノミクスの始まった年、私が売り出したのは「情報商材」というものだが、実は、この情報商材のブームは終わっていた。
（その背景にはYOU TUBEの流行などで皆が再生回数報酬の方を目指して無料で情報を提供し始めたから）
では、私の商材がなぜ売れたかというと、マーケティングが偶然はまったというだけのことで法人の社長あて（あるいは法人）にそれをやった人がいなかったので珍しかったのだろう。
このやり方では完全に先行して、類似業者も現れたが、収益の出ていそうなライバル業者はいなかった。
すごい事例では、私のサイトのキーワードを陰に埋め込みサイトへのクリックの誘因だけをして、その内容はアダルトビデオという場合さえあった。

具体的にどのようなことが起こったかというと、サービスの商材を海外進出から補助金申請サポートに変えることによりプレビューが爆発的に上がったのだ。
1日20プレビューくらいから1,500プレビューになった。
（日に1,500人見ているということ）
今ならば、この補助金申請のノウハウネタの公開は、普通であり、動画でもありふれているのに2013年当時はネット上で皆無だったのだ。
ここで、逆に焦った。プレビューは上がる一方なのに、問い合わせ・オファアーが来ないのだ。問い合わせが少ないではなく、全く来ないのだ。
そこで、やったことは商工会議所などの相談機関にこの補助金ネタでのセミナー出来ますと宣伝。それでも問い合わせ0
ますます、焦る、それでもサイトへのアクセスはどんどん上昇、ぼんやりと売り上げにもっていくスキームが悪いんだなとは感じた。
そこで、日曜日うつらうつらと寝ているときに自動車免許更新所の前にはりついて商売している、学科試験の虎の巻販売所が頭に浮かんだ。
試験対策の虎の巻のようなものを販売したら買わないだろうかと閃いた。
まず、網を張っていたネットでマニュアルの問い合わせコーナーを作った。その時点でもまだ「こんなもん、買わないな」と思っていた。
すると、その日曜日の夜、また、うつらうつらとしていたら、「それ売ってください、どこに振り込んだらいいんでしょうか？」とメールが入った。
それからもぽつりぽつりと同様の問い合わせが・・・
問い合わせが来てから、振り込んでくるまでの時間を利用して、そのマニュアルを必死で作った。
今売れていますとコピーをつけるとその問い合わせ、オーダー、振込は加速した。
感覚的に何か壁を破ったような気がした。
この情報商材ともいえる補助金申請虎の巻が当たった前後の経験則をまとめよう。

1.サイトで広報してダメならその周辺を
ともすれば、人間は苦しくなるとその周辺ではなく全く違う夢を追いたがる。DM で、DM でもだめならと、その周辺をあたっていくことだ。

逸れるのは、その違うプランが魅力的だからではなく、今の苦しさの裏返しであるだけなのだ。
ちょっとだけ変えたところにヒットのゾーンがあるかもしれないと考えるべきだ。

2.次にサイトでこの情報商材売りに出した時、商品は出来ていなかった。受注がついてから製造した。
とんでもない手抜きをしてしまったと反省していたが、ブレイクしてから慌てて読んだ情報商材のノウハウ本には「それでいい」と書いてあった。ものづくりにかけるのではなく、サービス業者として先にニーズを測るという姿勢で合っている。この考え方は当時の私には目から鱗だった。

中小企業診断士の学習で、「マーケットインが○、プロダクトアウトは×」と習っていたのに実践ではいかせていなかったのだ。
メーカーの姿勢もこのマーケットインになりつつある。（発注貰ってから組み立てる）。
しかし、製造業で「金型」に当たる設計図は頭の中に作っておく必要はある。これぐらいはコンサルタントはできるはずだ。

3. オプションサービス

ここから（マニュアルが売れてから）購入者をベースにメール添削コースをオプションでつけた。
これに何人かに一人は乗ってくれて、順調にこなして行った。
1も3も「面積を広げるようにあれこれ試していく姿勢が重要」である。
その時点で正解かどうかは分からない、要するに「消費者に聞け」だ。

4. マニュアル販売に勢いが付き、天下を取ったような気になった。
なぜかというとサービス業は生業的であるのに際して、マニュアルは100%再現性ありなので、どんどん通帳に振り込んでくる売り上げがすごいと感じてしまうのだ。この快感にはまってしまい、抜けられなくなる。作家や音楽家のヒット作が出たときの快感に近いだろう。

5. リスト化

マニュアル購入希望が多く現れ、これは、リストを作らないといけないなと直感した。
当日作ったリストは今も継続しており 3,000 件になっている。

ただ、世の中の移り変わりは激しくこの中の 1/4（悪くすると1/3）は倒産・廃業・移転などで宛先はなくなっているだろうと思われる。そのメンテナンスもついて追跡調査しにくいので、難しい。ここではリストの消える率の高さを抑えて欲しい。

6. ペルソナを読む

この頃、発想として何が売れるかより、ペルソナを読む方が重要だと悟った。ペルソナを読むとは「人はどういう TPO でどういう行動をするか」ということで突き詰めるとこの分析は何が売れるかになる。
それを聞くのは消費者であり、頭の中でロジックで考えてはいけない。そこを頭のいい人ほど錯覚する。
例えば、関心を引かせる補助金解説のコラムで「受かる」と「落ちる」という２つの表現でどっちの関心が高いかを実験した。
これは、ひょっとしたらの予感通り「落ちる（不採択）」の方が検索率が高かった。そこで、マニュアルとして「不採択になる表現集１０パターン」というのを出して、そこそこ売れた。「受かる表現集１０パターン」はありふれている。
このペルソナを読むという感覚の最も研ぎ澄まされていた時には、アクセスを集めるのは簡単にも思えた。ある商材を売りに出したところ１日にオファーが 100 件以上入った時があった。（発売日は淡路島に出張中の日で、オファーの問い合わせを携帯のチャイムが鳴るよう組んであったので鳴りっぱなし）契約しているネット会社から「後にも先にもこんなのは初めて、この記録は抜かれないでしょう」と言われた。

7. 同一顧客に対しての階段システム

マニュアル購入者に「メールで補助金申請書を添削しまし

ょうか？数万で」と電話してみたら、ほぼ 100%受注できた。
ただ、この段階では人を雇ってシステム的にやるところまでは発想がいっていない。
次はどうするか、私が行ってコンサルすれば、もっと売り上げ上がるのではと思った。しかし、私の時間がなかった。
結果、コンサルティングまでしたのは数社だった。
ここで、マーケティングのフォーカスがぴたりと合ったことになる。
以前も研修・コンサル・本購入などの積算表は作っていたが対象者は別々だった。
そこを、マニュアル購入者という検索キーを一本にしたのだ。
「情報商材」の本を読んだが、私のしたことがそのまま書いてあった。成功報酬で一時荒稼ぎしたというコンサルはこの辺りの思考が抜けていて短期で市場から退場する。
ただ、現在はこの階段式の確率思考だけでも生きていけない。
もっと複雑で市場細分化している世の中である。
しかも日本全体の財布は細っている。

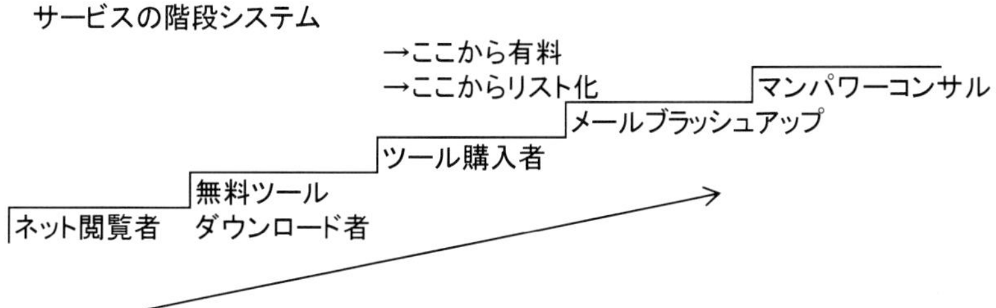

8. ニーズの定義

　この経験を通して、成り立つのはこういうサービス定義だなと実感した。（第6章　マーケット分析編も 73P 参照）

・ある程度のマーケット規模があること
・専門性があること

・時代が押すこと
であり、最後が重要である。これはマルコムグラッドウエルの「売れる商品」の３つの定義に当てはまっている。（マルコムグラッドウエルはアメリカのコラムニスト）
そして、こういう顧客心理で説明した方が分かりやすい。
「顧客は自分一人だけ乗り遅れたくないと思っており、その動機が最も強い」
これは１つ目の定義のある程度の規模があることとも連動する。
この空気が強くなると専門性があるかどうかは、関係が薄くなる。
この心理が分からない人は、街で出来る行列を観察研究したらよい。
この風が吹かなくても、商品サービスは成立する。
これが良いというロジックはいかようにも作れるからだ。
しかし、高度な営業テクニックが要る。
時代の波に乗ることを経験したことにより、そのような営業テクニックの要るマーケットは捨てようと思った。

9. 反省点
　ここからは、次のステージにつながる反省項目であるが事業のソフト化を考えるときによく起こる問題である。
自分ですごいことをしたな、と思っていたのだが、総売上額から見るとたいしたことがないことが分かった。
なぜならマニュアル額が 10,000 円、2 で書いた添削料金が 3～5 万、しかも、添削の方は当時私一人でやっていたのでキャパが限られる。
ただ、ここまではこれでいいと思えた。成功報酬 10％の一般的コンサルより激安で、その悪口を言うことにより存在をアピールできたからだ。（ちなみに 1,000 万補助金なら成功

報酬は100万）
当時、何千万稼いだというコンサルは次の事業再構築補助金ブームの時には一人もいなかった。
補助金の採択不採択は運の要素が50％以上あり、たまたま稼げた時は運が良かったのかもしれない。
私はここで得た情報のリスト作成など次のステップに進んでいる。
マニュアル販売が急に落ちた理由として、ライバル業者が出たことよりも、当社マニュアルがリサイクルで流通し始めた気配があった。この時期の苦境は、戦略概説の章の神田昌典先生のV字理論を再度読んで欲しい。（13P参照）

まだ、ここから遥かな道を私は歩くのだった。

４．事業化模索期（2015-2021）

　時は2016年、ひょんなことからリモート・DXを始めることとなった。まだコロナショックはかなり先だった。

2012年～2013年に立て続けに出版したが、本の売り上げ、仕事へのつながりもまったく不発、海外進出ビジネスは3年で売上は20万くらいだった。
どうしようかと試行錯誤しているうちに補助金申請のマニュアル販売という情報販売がヒットした。
ただし、販売数は初年度だけがすごく、年を重ねるごとにダウンした。
またもやどうしようかと思っているときに事件が起こったのだった。

事件とは商工会で会長が建設業法違反で逮捕されたのだ。その時に私は副会長で、自動的に私が会長就任して、その火消しをせねばならなくなった。事件収束は大変だったが、なんとかなった。人に襲い掛かる不運ともいえる事件は解決できないものは降ってこない。それくらいに思える度量がなければだめだ。しかし自分のとれる時間が急速に減った。

その時に声をかけてくれたのはマニュアル販売などで知り合い深い付き合いとなったお客さんのＩさんだった。
今働き手が足りないというが、フアンのいる会社ならそのお客さんに声をかけてみることが漏れていないか？

普通コンサルタントは一人で何から何までやろういうという常識が頭にこびりついているので、強制的に人の雇用をしなくてはならないという環境になったのはラッキーだったのだろうか？

しかし、彼は京都からはかなり離れた県、彼もお客さんを持っていたが当然遠方だった。

自然と DX・リモートが始まった。コロナは足音さえなかった。
時代に先駆けて、始めることにより先駆者利益どころかより大きなさらなる苦しみが待っていた。
強制的に CHATWORK、ZOOM を学ばされた。
それで、始まったリモートでの業務展開だが、当初は困難だらけだった。
まず、人々にリモートワークの概念がないので、郵送物をここから送らないと、「なぜ」と電話がかかってきた。
ここでの教訓が、鉄則の「リモート・DX は単なる当たり前の技術であり、それのみでは付加価値はない」ということであり、確かに後で読んだ DX の本ではユーザーが便利になってこそ意味があると書いてあった。
それがない限り「内部管理の合理化」にとどまるのだ。
ここで、顧客にとって便利なこととは何かを考え抜いた。
その様々なノウハウはここに簡単に書けるようなことではない。
当時の売り上げは300万、そこから経費と人件費を払っているので持ち出しもいいところである。
ここで数字は単なる記号と思えないと耐えられない。思えるかどうかは才能だ。

病気としては今度は「パニック症候群」に襲われた。
運転しようとすると手ががくがく振るえるようになった。
対向車線にハンドルを切りたくなるのだ。自殺願望があるのかと思った。

この場合、急遽、考えねばならないことは、売り上げを上げること、当たり前のことだった。

売上げを上げるためにはということで、業務処理はリモート、顧客へは補助金・助成金の ALL パッケージで販売ということ。
これがトラブルにつながっていく。これが一気に出たのがコロナ期という流れだった。
ただし、当時はコロナ前だったので、行政にも（顧客にも）まだリモートワークに対する理解もなく、行政への郵送物をそのリモートワーカーの居住地から送ると「なぜだ？」と電話がかかってきた。
最もリモートワーク推進をしなくてはならない厚生労働省系の役人が言ってくるのでなにおかいわんやである。

急遽始めたDXでもトラブル続出だった。

遠くは横浜・栃木・埼玉までお詫びに行った。（近くは大阪）
机をどんどん叩いて怒った客もいた。ATM で弁償金を直前に下して「この金額以内で収めよう」と上限目標を決めた。
極限を経験すると次第に怖いものがなくなってくる。
「警察に行く」という人は「警察には行かない」ことを知った。（警察に行かれるようなことしていないし）
クレーム言う側もかなりやばい線まで自分が行っていることを感じているからだ。ネット書き込みする人もいた。エゴサーチは、当時から今まで意識して見ていない。
急遽始めた DX だが、訪問より準備がいることを知った。商談のステップや提出資料を事前にシミュレーションする必要があった。
士業の人は能力的に優れているが、訪問すればそこで何とかなるという心理が強く準備は甘い。
私だけではない、トラブルが続き、スタッフも頭を使いだした。短期間にかなり上達したが、トラブルの種はその理由だけではなかったのだ。

ここで、同時に売上の増強と資金繰りの改善の目的から
・着手金を貰うこと
・サービスをフルラインのパッケージで売ること
の２つを取り入れた。
ここにも、独自性はない。補助金・助成金コンサルタント（特に助成金の方）ならば、考えつくことだ。
まず、着手金を貰えば、顧客の要求は当然、厳しくなる。
しかし、これが、普通に回っていけば、何の問題もない。資金繰りは楽になるだけだ。現実表面的な売り上げは、すぐ上がった。
クレームにつながり返金になった時が問題であり、資金の逆

流となる。
大手コンサルティングは、契約書で「あなたの都合でやめる場合は返さない」となっていて、いやほどトラブル・訴訟ごとを抱えている。そこに通常弁護士がついているという構図である。
次に、サービスフルラインの方、これも、貰える額を増やす手法として使われる。
多くのコンサルティング事務所（一部の士業事務所）のやっていることだ。
補助金・助成金でこれをすると「こんなに支給申請で貰えますよ」というアピールになるのである。
これを前段の着手金ビジネスと結びつけるのである。
そして、やってみれば分かることは「こういううたい文句につられる顧客は意識の低い顧客である」ということだ。
当然、こちら側は、業務は進めようと必死になる。
しかし、書類の整備できていない顧客はなかなか進まない。
同時に始めたリモートでの進行での意思疎通の問題や混乱も出てくる。
（現在は基本的に着手金貰うことも、フルライン営業もやっておりません）

この時期のもうひとつの課題は「人」の問題である。

人の問題とは「直接雇用者」の問題であり、この場合「正規」「非正規」の別は問わない。
リモートで雇ったのものなかなか事務処理の連携がうまくいかない。いい人ばかりなのだが

当時は、人を雇う原因となった商工会会長就任で、もう一ラインの組織スタッフができることになった。

そこで、人のモラールについて、いろいろと実験してみた。
これもうまくいかない。
朝に元気よく挨拶しなさいといってもしない。
そこで、私は経営者と労働者の永遠の溝のようなものを知った。
労働者は給与が一定ならば、労働負荷を下げるにはいかに手を抜くかで決まる。
いくら教科書に載っている奇麗なことを言っても、経営者と労働者の気持ちは違うのだ。

ここまでの流れで人はお金でしか動かないように感じられた方は、それもまた不正解である。

商工会会長をすることにより、それも知った。
商工会会長には事務のスタッフとともに同じ事業者である会員のトップに立つという意味合いがある。
そこで、会員を動かせて地域のお祭りなどの事業を成し遂げていかないとならないのだ。それも全くの無給である。（当然、会長職も無報酬である）。
全く最初は、言うことを聞かない。しかし、そこで、仕方なしに私が一人背負って頑張っていると、「仕方ないなあ」という感じで、数人が、そして、最後には大勢が力を尽くしてくれるのである。これぞ、まさに体育会系の精神である。
体育会系の精神とは恩義の貸し借りである。
その力学を学んだ。ＪＣなどの組織でも同じようなことがあるのだろう。だから、そこで、力を尽くすことは無駄ではない。

商工会の会長職は継いでくれる人が出て短期で終わっていた。
次に襲ったのがコロナショックだった。

資金がショートしそうになり、ここは借り入れ申し込みは、スピード勝負と直感した。

まず、当初にとりあえず日本政策金融公庫で 200 万借りた。これだけでは済まなかった。

売り上げの伸びが止まったどころか、着手金の返還まで迫られて、資金が逆流した。
それだけ顧客も緊急事態に陥ったということだった。
売上額がそこそこあっても資金逆流というのは怖いものだとその時はじめて知った。
そこで、コロナ借り入れで日本政策金融公庫で 500 万借りた。
（緊急時で携帯電話での本人確認だけだった）。
それでも資金ショートが不安になってきて、保証協会で 300 万、日本政策金融公庫に追加で、300 万借りた。（借換え制度適用）
日本政策金融は商工会、保証協会は京都信用金庫の担当者にお世話になった。
借りたら返せないなどの言葉に惑わされることはない。
生き延びたいなら「借り」だった。
今のところ貯めていた内部留保の 500 万の取り崩しで済み、その借入れ資金は使っていない。
これをどうするか？ということだが、こういう突然のリスクを経験した感覚から、資金ショート（いや逆流だった）の怖さを実感したので次のリスク対策のためにおいてある。
それで、正解だ。無借金経営にこだわることはこの時代危険であると思う。ただ、最終の返済年限の問題から今度は事業の出口戦略問題（事業継承など）が起こってくる。
これがまさに中小企業の課題だった。
事業者は事業的規模にするために借入をしているので、トレーオフのもどかしい問題だ。
言えることは継承したくなるような魅力的な企業にしないといけないということだ。

このような、ドタバタの中、売上は自然と1，000万を超えていた。達成感など何もない、毎週金曜日に今週も生き残ったという感覚の連続だった。

このステージでもう１点説明しておかねばならないことがある。
このビジネススタイルで京都府に経営革新法を提出したことだ。自分のやっていることを言葉でまとめるとどうなるのかを試行した。
理由として、コロナ期に入り、外訪が制限されたので時間の有効活用という意味もあった。
この試行はその後
・BCP計画（経営力継続計画）
・経営力向上計画
・持続化補助金申請
とつながっていくが、一度テンプレートを作ってしまえば、２つ目以降はその応用だった。

これもひとつのテクニックであり、勉強になった。
事業全体は複雑すぎて総てを言葉にはできない。
そこをいかにうまく抜き出して箇条書き項目にしていくかである。
行政対象・金融機関対象・一般ユーザー対応・補助金審査員対象と相手方は種々あるが、見せる技術というのは事業経営で大切である。（近年最も重要なのは、入ってくる人も含めて社員対象かもしれない）。

この複雑化した世の中で、このような事業をしていると見せる技術は、必要であり、プレゼンと割り切ってやるべきである。これは、理解してもらえると思うが、だから、嘘を書いてもいいということではない。

この良き習慣は法人になっても継続して続けている。

５．法人策定期（2022-2023）

　まず、法人を作った動機から説明する。
様々あるが、最も大きな分類で行くと気まぐれだろうか？
この言葉で悪いなら閃きだ、コロナ自粛で時間があったこともあった。

2020 年に心筋梗塞で倒れたことも大きい。
人は死ぬと終わるのか、それは案外、遠いようで近いんだなと感じた。
なんとか、事業を形として残せないものか？と思った。
法人名義にすれば、事業継続する一縷の望みが出てくる。
ただ、その際に注意せねばならないことは、法人というのは個人とは別の準自然人としての性格が出てくるということ。
よって、社会保険料を下げられるから作るというのは明らかにずれている。
また、自分のやる気の問題もある。実は、この時期、同じく個人事業者の伴侶を得たことも大きかった。何か残せないかというのはその人に、対してである。

まわりの核になる協力者も是非作って欲しいと言った。その方が仕事がやりやすいという声だった。
決断すると私は動きが早い。

以下の本をざっと読んだ。
法人設立・法人会計・法人税務など 10 冊くらい
参考になったのは一人社長の指南書
設備投資は何もなく、配偶者の勧めの業者で名刺を新調したくらいだった。

会社名は、以前、中国式で、ものづくり補助金中心というセンターの意味合いの名をつけていたので、「株式会社西河マネジメントセンター」とした。
凝ることはない、凝った会社名でブレイクしたためしがないし、まずは顧客の覚えやすい名前が良い。
会社名で凝ることを私は勧めない。
まず、顧客はそんなの覚えてられないしどうでもいいのだ。
要するに実績勝負だ。
なんの捻りもない会社名でブレイクする方がかっこいいとは思わないか？

法人作成動機も会社名も肩に力が入るのは全く良くない。
実務は会計ソフトを仕込み、届け出類も全部自分でやった。
いまだに税理士には頼んでいない。
そこから様々な認定を取った。

そして、いよいよ会社のランニングが始まった。

意識面での変化も出始めた。
法人を成長させようということで、やる気の面では大きく変わった。
そういう気持ちなので、普段の生活としては、個人事業だけの時代より節約している。
普通、法人の方で売り上げがぐんと上がると多くの社長は気が大きくなり贅沢を始める。
節約意識の方に意識が出るかどうかというも才能である。
社会の広器として自分の綱紀を引き締めるという意識になれるかである。
法人設立主意書を作ると同時にその計画案で、またも各種認定を申請した。
個人時代に取得した経営革新法認定を法人でも同じく申請した。

BCP・経営力向上計画も申請した。これも個人事業でも出していたので、そのマイナーチェンジだけで良かった。

また、業務幅を広げるために、IT 支援事業者、M&A 支援機関の資格を取得した。
この IT 支援事業者認定がその後、売上をスケールする際に効力を発揮するのだが、それはまた次のステージの話である。
経営革新支援機関は個人資格の変更をかけた。

法人での申請において問題は、経営革新計画をいかにバージョンアップするかだった。
そこで、ビジネスの目標をサービスのゾーンを分類して、
１つのクライントで２つ以上のサービス活用で、年間 100 万以上使ってもらうことにした。（55P 参照）
審査では、ビジネスの内容は理解して貰ったが、仕組み化の部分の説明が大変だった。
これは、行政の人も、審査する中小企業診断士もサラリーマン的な年収の人で、ビジネスしたことがない人たちなので実感がわかないのだろうと思った。要するに私一人の会社で生業性が強いと見られるのだ。
しかし、逆に何千万も売上を上げるのに、仕組化が出来てい

ないはずがないだろうと思うが全く新たな仕組みでしているのでそれが通じにくい。しかし、数字がエビデンスだ。
この姿勢は知的資産経営報告書でも変わらない。
ただし、それで言い切ってしまうのではなく、言葉や図で分かりやすくする努力は継続していく。

もっとも直近でも知的資産経営報告書をつくり戦略をバージョンアップした。（以下知的資産経営報告書原文のまま）

・今後は意識的に支援策の総合サービスとする。
・「横にも縦にも強い」を目指す。（横は施策の網羅力、縦はアフターフォローの能力）

補助金ジャンルのように、それだけを単一セールスして、こなしていくことは楽だ。経験曲線の関係より収益の効率も良くなる。
しかし、短期間で稼いでも次の展望がなく、ブームに左右されるだけで、長期スパンで見ると次のブームが来る前に市場から消える士業の人・コンサルタントも多くいる。

当社は、経済産業省の施策も厚生労働省の施策もワンストップでカバーできることを、最大の強みとして、発展的に人的資本経営をはじめとして時代の最先端のコンサルティングの受注や経営ソフト・IT ソフトの販売も目指す。

近年、経済産業省施策でも厚生労働省施策でも情報提供サービス（有料）に特化しているコンサル会社も多くなっているが、サービス単価が安いので営業部隊での強引な展開が見受けられる。
当社は、このような情報サービスのみという展開はせず、支援策活用の、最終工程までこなすことにより深みも創出する。
（従来のサービス分類）
Ⅰ　経営戦略・経営品質に関すること　経営革新・経営力向上・事業継続力強化計画
Ⅱ　資金調達に関すること　補助金（経済産業省管轄）・助成金（厚生労働省管轄）地方補助金
Ⅲ　経営効率化に関すること　有料情報制度・クラウド活用

（加えたサービス分類）
Ⅳ　人的資本経営に関すること 人的資本経営・ハラスメント予防
Ⅴ　ソフト販売に関すること　IT 支援事業者としての経営ソフト販売

ここまででの総括をしておくと、様々なプランの認定制度を出しながらもこれで、完璧とは思っていない。
何が正しいか決めつけるべきではなく、常に、検証していく姿勢を持つべきである。それを聞くのは、マーケットを構成する顧客だ。
それが今の流行言葉でいえば、「戦闘力」となり、ひいては「マネタイズ力」となる。

時に検証して、足りない部分は補強して改善する。それがバージョンアップというものである。
コンサルタントはこのような、指導をクライアントに偉そうにするくせに自分の事業に落として、実践はしていない、
顧客の気持ちは分かっていない。特に IT 系の先生はそれが、極端である。
私はそれが嫌なので自分でやってみて、本当にそのツールが役に立つものかどうか判断している。

もうひとつ雇用の問題がある。
直接雇用というのは、給与コストの問題ではなく、人にまつわる様々な問題がある。
採用・教育・トラブル・労働保険などの諸届け・ハラスメントなど、それに費やす時間が多すぎるのではないか？と疑い始めた。
加えて根本的なこととして、人は同じ給与ならいかに労働負荷を下げるという方向に思考する。
まさに資本主義と共産主義の間の矛盾である。
そこで、いったん辞めてもらって、能力のある人だけを外注契約で仕切りなおした。
また、派遣会社に必ず１名確保という形で契約した。（今は２社契約）
払うコストは1.5～2倍になったが、その方が効率的で今の売り上げ増の波につながっている。

鉄則では「プロのクリテイカルチェーン」などとハイセンスな言葉を使っているが、要するにそういうことである。
なんといっても直接雇用にまつわる時間が空いたのが大きい。
それに対応する売り上げを取ってくることに専念すればいい。
最近フリーランサーという人も使っている。サラリーマンの副業もある。この世界も非常に興味深く能力的にはすごい人もいる。コスト的には割安でありこれを交えることにより全体コストが下がる。
これは、直接雇用して教育して育成ということを否定しているわけではない。
それも立派なことで、人材育成という面で世に貢献している。
しかし、採用に関してはすべての事業所が足りないと言っている。根本的に矛盾している感はある。
私のように外注で仕事を組み立てられるかという問題もある。

しかし、最初からその組み立ては無理だと思ったら、そこで、止まってしまう。外部の人を使って事業を組み立てられないか考えてみることには大いに価値がある。

６．現在のステージ（2024-）

では、履歴編の最後に現在何をしているか？何を目指しているかのまとめをしたい。

まず、3 年間の売り上げを１．４億から３億　次は５億から７億かのラインで描いている。所詮数字はぶれるものなので難しい。しかし数字のトレンドから３億は行く。
売上の数値というのは上に行けば行くほど、記号になりスケールアップの仕方さえ間違いなければ伸びていく。
そうなると次に考えねばならないのは出口戦略である。
出口戦略とは企業をどうするかということで、バリエーションは
IPO（上場）
バイアウト
事業継承
悪い場合は廃業などになる。
しかし、上の２つは企業価値を上げることと、業務の仕組みを明確化する必要がある。
そのために知的資産経営報告書を作っている。
企業の仕組みを示すためだ。
バイアウトの場合は次にする全く違うステージのことを用意しておかないといけない。この本の出版時には、売り上げの急増もあり真剣に IPO の道も考えている。

ここまでで、売上の規模拡大に向けての私の思考法が分かる

だろうか？

ひとつには、先生業のあり方を世間のイメージにとらわれずに、広く役に立つソフトの提供でもいいじゃいかと再定義したことである。先生業の業界仲間の集いには、思考が狭められると直感してある時期からいっていない。

世間の職業イメージにはめられることは楽だが面白味はない。

大部分の人はそのイメージに染まって終わる。

しかし、自分で新たな姿を創造しようとすると、第一人者にならないといけないのでパワーが要る。

どちらの道を行くかということである。

もうこの年になると、かつての勤務時代の同僚も、そして中には頑張っていた自営業者も仕事を引き、引退生活に入り始めている。

ゆっくりしたいその気持ちは分かる。

しかし、人間関係を整理した後に待っているのは、天国ではなくて、なんの面白味も刺激もない不毛の地ではないだろうか？

そういう引いた先生にお茶を飲む誘いがあるが、外に出て歩くのさえしんどいという状態になっている。気持ちの張りを失ってしまったのである。

私は、幸か不幸か、この年になっても戦いの最前線で奮闘しなければ、ならない。そこには、いいことばかりではなく借入金もあるからだ。

私は死ぬ寸前まで戦う。

7．履歴編と次章以降の相関図

STAGE	年	PRO	経験則より経営に織り込む鉄則
STA1 黎明期	2000	・診断協会からの斡旋業務で売り上げを構成 ・売り上げは順調に増えるも生業性高く、うつ傾向に	1 下請けは、売り上げを稼ぐためではなく業務習熟のためのものとする。 2 生産的・提案的な業務開発を常に行う。
STA2 商品開発期	2006	・海外進出サポート事業のパッケージまとめる ・海外取材して初出版 ・売り上げ的には惨敗	3 思い込みでのサービス開発は厳禁とする。
STA3 事業展開期	2013	・ものづくり補助金の虎の巻販売当たる ・ネット・メールで遠方取引も始め地方に存在する優良顧 ・メルマガによる誘導とネット情報発信強化する。 ・マニュアルブームは短期に終わり問い合わせ数激減	4 同一テーマ内でもっともユーザーに響くメニューで提供する。 5 マーケットで最も早い情報提供はリサーチと販売促進のために継続する。
STA4 実業化模索期	2015	・地域商工会の会長職拝命で、自分の時間なくなる ・リモートで遠隔地雇用でスタッフ数増やすがトラブルにも ・補助金・助成金ビジネスで前受け金収入増やすがトラブ ・フルラインでパッケージ販売するがトラブルも発生	6 リモート・DXは単なる当たり前の技術であり、それのみでは付加価値はない。 7 前受け金に重点を置いた売り上げはリスクが高いのでしない。 8 顧客ニーズのないパッケージ販売はしない。
STA5 法人策定期	2022	・個人・法人の事業整理（個人は社労士業務・法人はコン ・直接雇用によるスタッフ育成からプロ外注との契約 ・法人にて、経営革新法の目標設定（1先100万以上売り上げ） ・IT支援事業者免許獲得し経営ソフト販売を開始 ・M＆A支援事業者の認定申請して通る	9 当社はプロのネットワーク・クリティカルチェーンの一環で事業を行う。 10 業態をサービス業と固定せず信用の上に成り立つソフトの小売業も行う。
STA6 現在のステージ	2024	・2024年2月年商1億突破する ・知的資産経営で法人の経営革新目標をブラッシュアップ	

STAGE	年	進出マーケット分析	活用した経営書式
STA1 黎明期	2000	1. 顧問業務	
STA2 商品開発期	2006	2. 海外進出支援	
STA3 事業展開期	2013	3. 資金調達支援	6.借入申請書 9.金融機関への財務報告書
STA4 実業化模索期	2015		8.BCP計画（個人法人の2回）法人を掲示 3.補助金申請　持続化補助金（個人）個人事務所時代 7.経営革新法申請（個人・法人の2回）双方掲示 4.経営力向上計画（個人・法人の2回）法人を掲示
STA5 法人運営期	2022	4. 人的資産経営・ハラスメント対策	1.法人定款 1.法人創業時の主意書・挨拶状（口座開設のため） 9.金融機関への財務報告書（決算・仮決算時） 5.M＆A支援機関　＊IT支援導入事業者
STA6 現在のステージ	2024		8.知的資産経営報告書（法人） 6.借入申請書

例えば、私は顧問先契約を一斉に解除して、現在に至るまでなしで来ているが、
＊いいスポットネタがあれば、紹介できる優良顧客はリスト化してホールドしている。
＊日常で顧問先業務に費やす時間をいかに有効活用するかを熟知している。
などのノウハウがあるので長所として成り立つのであって、これら抜きには成り立たない。
成り立たないどころか安易に真似すると長所を消しただけの行為に終わる。これを、「STORY としての経営戦略」の著者、楠木健氏はキラーパスを繋げるという言葉で表現している。キラーパスとは、一見誰もいないところにボールを出したように見えるが、それは事前にそこに走りこむというチーム内での約束事があるので得点チャンスにつながるパスになるのだ。楠木氏はそれを（施策）→（施策）→（施策）→　と矢印を繋げて、STORY がいかに重要かを示している。

第５章　鉄則編

新章であるが、履歴としては、再度、頭に戻る。
その経験の中で、悟ったことを経営の鉄則としていかに取り入れているかを説明する。
それが 10 カ条ある。戦略には、戦略と戦術がある。今回は戦術レベルである。
戦略はリスクとリターンのぶれが大きくどれを選択するのかは賭ける行為になる。
それに比べて戦術はその戦略にぶら下がるいわば枝葉であって、不正解はあまりない。
ただ、文脈の中でその TPO ではこれが正しいという面もあるので、注意して読んで欲しい。

当時の状況も補足して鉄則をそれぞれ説明する。（前ページの相関表も参考にして欲しい）。

１．黎明期に学んだ鉄則１～２

鉄則１　下請けは売り上げを稼ぐためではなく業務習熟のためのものとする。
鉄則２　生産的・提案的な業務開発を常に行う。

（当時の状況）
STAGE1　黎明期 2000～2006
・診断協会からの斡旋業務で売り上げを構成

・売り上げは順調に増えるも生業性高く、うつ傾向になる。

2000 年に創業して、いろんなことがあった。
独立時は相談機関や先輩診断士に独立しましたと挨拶に回った。そこで、順調に業務は変わりだした。当時、独立者は少なく、40 歳以下は今の京都協会の会長の S さんと私だけだった。
先輩周りは100％仕事になった。
３年間、順調に売り上げは伸びていった。
その後、精神的に低迷して、半年休業するのだが、自分の貯えの取り崩しで何ともなかった。逆にコンサルティングってお金が貯まるんだなと感じた。しかし、生業的な仕事をこのまま続ける気はなかった。仕事を取れば取るほど自分を苦しめる構造に見えた。これは、小規模事業者に共通の悩みだろう。そのそれを打開するために神田先生の本をよく読んだ。そこに書いてある殿様バッタのスタンスがとれないかと模索した。
各種の自分のデータを検証してデータドリブンもすべてやってみた。しかし、結論は、こんなこと分析しても仕方ない、どうしていくかの戦略の方が大切ということだった。
何かやるには何かを捨てねばならない、まず、社会保険労務士としてとっていた顧問契約をすべて解約した。
解約したと言っても、「やめます」では相手の方がかっこ付かない。
私がミスしたことにして向こうから解約して貰った。
こういう気持ちも大切なことである。

（鉄則１の解説）
鉄則１　下請けは売り上げを稼ぐためではなく業務習熟のためのものとする。

　ここに書いてあることは将来下請け脱却のビジョンを持てということである。
ビジョンを持つということは仕事を出す側のやり方も盗み見よと言うことである。
私の場合、３年後にはそのアセンブラーをもうやっていた。

次に、仕事を貰うということは、金銭的なやり取り以外に義理をかけて貰うということなのでそれを感じねばならない。
中小企業診断士の場合、今のおかしな傾向は、複数の（県）支部の会員にもなったりすることだ。
人によっては３つの支部にかけ持ちで加入している。
この行為は自分の損得勘定のみ考えた動きであり、業務的には下請けに専念するという体制になる。
例えば、愛知県で製造業を、始める場合、トヨタさんだけに挨拶に行けばいいだろう。他府県の自動車メーカーへの挨拶が必要だろうか？ずれていることが全く分かっていない。

（鉄則２の解説）
鉄則２　生産的・提案的な業務開発を常に行う。

　「生産的・提案的」な仕事を指向しようということなのだが、もっと分かりやすく言うと、「○○しよう」と思考をめぐらして楽しくなるような仕事である。
いや、自分が向きになれない仕事は継続できないと言い換えた方がいい。

２．商品開発期で学んだ戦略　鉄則３

鉄則３　思い込みでのサービス開発は厳禁とする。

（当時の状況）
STAGE2　商品開発期　2006～2010
・海外進出サポート事業のパッケージまとめる
・海外取材して初出版
・売り上げ的には惨敗

アクションは新サービスのパッケージまとめることから開始している。普通の仕事もかろうじてこなしながらの研究期間に入っている。中国に何回も行ったし、文献調査もした。海外進出セミナーも聞きに行った。
当時は平成不況で中小企業は中国市場しかないという追い風ムードだった。（それがプラン実行時に尖閣列島事件が起こるのだが）
自分の気持ちとしては新たな取り組みにワクワクしていた。
ここで、新ビジネス開始後の売り上げ構成を何度も積算した。

	単価	件数	金額
セミナー			
研修			
コンサル			
本　販売・印税			
合計			

という形である。

これは、それぞれの対象が相談機関や企業、企業内の人とマーケティング先がばらばらであることに当時は気が付いていない。要するに自分都合のプランである。
次のステージでは、これを修正し、同一クライアントでストーリーを作り、サービスバリエーションを持つ形になり、スキームは階段式になる。

ニーズは常に顧客に聞くべきであり、このように自分サイドで作ると自分に都合のいいマーケットデータのみを集めてくる形になる。多くの事業者がそうなっている。

（鉄則３の解説）
鉄則３　思い込みでのサービス開発は厳禁とする。

ここで、人はものづくりを始めると頭が熱くなる、いや、お店を開店する人もいるので「投資すると」と言い換えた方がいいのかもしれない。
これが当たるんだという不安の裏返しの思い込みである。
ただ、これを完全否定するものではない。当てる人もいる。
だからこそ難しいのである。

３．事業展開期で学んだ戦略　鉄則４～５

鉄則４　同一テーマ内でもっともユーザーに響くメニューで提供する。
鉄則５　マーケットで最も早い情報提供はリサーチと販売促進のために継続する。

（当時の状況）
STAGE3　事業展開期　2012-2014
- ものづくり補助金の虎の巻販売当たる。
- ネット・メールで遠方取引も始め地方に存在する優良法人も発見する。
- メルマガによる誘導とネット情報発信強化する。
- マニュアルブームは短期に終わり問い合わせ数激減

（当時の状況　補足）
　何があったかは、履歴編の第３ステージを読んで欲しい。
私は、当初、書籍として売ろうとしていたが、情報（マニュアル）という形で売るというバリエーションがあると気が付いた。値段は10倍以上なのにその方が売れたのだ。
私が業界で初めてこれに火をつけたので誰も気が付いていなかったということでもあった。
士業は、こうあるべきという先入観がある。
当時、マニュアル販売に対して、わざわざ、「士業はそういうことをすべきではない」という電話をしてくれた人もいた。
それを聞いて、「何を言っているんだ」と腹が立つというより、「ああ自分のやっていることは独自性があるんだな」と改めて気が付いた。だから、そういってくれた人には今は感謝している。
こういうケースでは、そういう声は逆にやる気を喚起するものだなと感じた。

当時は、壁が破れた感じがあった。ここから次々と次のステージへの挑戦権が巡ってくることになる。

（鉄則４の解説）
鉄則４　同一テーマ内でもっともユーザーに響くメニューで提供する。

　創業時にはまだ、明確に売る商品・サービスが決まっていない場合もある。
そこで、ある程度、商品・サービスの範囲を広めに定めて、リサーチして、その反応に応じて、こちら側が変化するという戦術の王道でもある。
これの出来ていない人が多い。

それは「これがいい」という誤った思い込みとこだわりがあるからだ。
ものづくりの道の人はそれがないと情熱を傾けられないので、仕方ない部分はある。
しかし、顧客と接するサービス・小売りの人は機動的に対応するべきである。
昔から、「環境適応した種族のみが生き残る」という法則もあるではないか？

（鉄則５の解説）
鉄則５　マーケットで最も早い情報提供はリサーチと販売促進のために継続する。

　マニュアルが売れ始める前、書籍を発刊した時から東京のサイト管理会社にドメインを置いて、情報発信を始めた。
頻度としてはビジネスコラムとメルマガを週２回発信した。
これは、反応のある時は報われるが、ヒット商材のない時代には継続に根性を要する。
士業事務所でネット上で発信が出来ている人は、0％ではないが、ほとんどいない。
サイトで更新をある程度している人も国の法律の変更をそのままコピーして張っているだけのケースがほとんどである。
そこに自分の考えた見立てがないといけないが、それを考えるにはエネルギーを要するのである。
（紙ベースとすると月１回はレターを出していると人はたまにいる）。顧客には「情報発信」と助言しながら、この程度なのである。
その深層心理として、わざわざ顧客のところで向いて、もったいつけて説明して顧問料の根拠とするという手法がある。
しかし、この時代、ネット発信している人がいる以上、その情報は価値がないケースが多くなる。

ただ、書いたように継続には、強い意志がいるということで、私は自分の存在価値を情報発信、言葉を変えるとコンテンツ（内容）生み出し業と定義してがんばった。それが、現在の経営ソフト販売による売上のブレイクにつながっていくのである。

４．事業化模索期に学んだ戦略　鉄則６～８

鉄則６　リモート・DX は単なる当たり前の技術であり、それのみでは付加価値はない。
鉄則７　同一テーマ内でもっともユーザーに響くメニューで提供する。
鉄則８　顧客ニーズのないパッケージ販売はしない。

（当時の状況）
STAGE4　　　事業化模索期　2016～2021

- 地域商工会の会長職拝命で、自分の時間なくなる。
- リモート・遠隔地雇用でスタッフ数増やすがトラブルにつながる。
- 前受け金収入増やすがトラブルも発生
- フルラインでパッケージ販売するがトラブルも発生

当時は、コロナ危機の最盛期でテイクアウト・リモートという言葉が急激に普及した。（今はまた急速にしぼんでしまった感がある）。
これは、危機回避という面ではロジックには合っているが、一斉に同じ方向に走っている感があり、経営効果が出ていない事業所がほとんどだった。

（鉄則 6 の解説）
鉄則 6　リモート・DX は単なる当たり前の技術であり、それのみでは付加価値はない。

　コロナ期にはこれ一色だったというリモート・DX だが、欧米ではユーザー側にメリットが出る仕組みになって初めて DX と言えるそうだ。そういう意味ではわが国では内部の働き方の合理性のみに意識が行き過ぎている感がある。
このいかにユーザーメリットを出すかという視点を抜くとユーザー側はセルフ部分が増えるマイナス効果のみになる危険性がある。
全業界で見てもエンターテイメント業界が取り入れ始めたダイナミックプライシング以外には非接触（セルフ）の考えを取り入れただけだった。
お客さんの立場に立って、メリットを嫌ほど考えるべきである。
ただ、コンサルタント業界は昔から何回も行くことによって報酬を上げるという悪しき習慣があるので DX にするだけで喜ばれるかもしれないが

（鉄則 7 の解説）
鉄則 7　前受け金に重点を置いた売り上げはリスクが高いのでしない。

　スタッフのマインド面でも後払いにした方が落ちないことも知った。
前受け金体制から後で貰う体制に変えるまでの期間、かなり資金繰りに苦しんだ。
FC なども始めに入れる加盟金がトラブルにつながる。
どんなケースでもそこに真のノウハウがあれば、売上に反映

されて、投資金が消化されていくので揉めることはないが、コロナ危機など外部環境においてどんなリスクがあるも分からない。
ただし、この手のトラブル騒ぎで詐欺というのも立証までは困難が伴う。最初からの悪意というのは、証明できないからである。

（鉄則８の解説）
鉄則８　顧客ニーズのないパッケージ販売はしない。

パッケージ販売、これも大手コンサルティング会社も含めて陥りやすい罠である。
このパッケージ販売と着手金ビジネスがセットになっていて、よりトラブルが起こりやすいサービス体系になる。
人はパッケージ販売のようなものを考えると頭が熱くなるという経験則を持った。
現状の苦しさの裏返しであり、買い手がどっとつくような錯覚に陥るのだ。
大手コンサルは、その派生で、これも出来ますとコンサルティングがオプションとしてつく。直接部門の外注化である。
パッケージ化した方が分かりやすいという錯覚から営業電話をかけまくるがその営業スタイルに対しては、マイナスのイメージの方が強い。本当の顧客ニーズとすれ違っている。

５．法人設立期に学んだ鉄則　鉄則９～１０

鉄則９　当社はプロのネットワーク・クリテイカルチェーンの一環で事業を行う。
鉄則 10　業態をサービス業と固定せず信用の上に成り立つソフトの小売業も行う。

（当時の状況　補足）

STAGE5　法人設立期　2022～2023

・個人・法人の事業整理（個人は社労士業務・法人はコンサル業務）

・直接雇用によるスタッフ育成からプロ外注との契約

・法人にて、経営革新法の目標設定（１先１００万以上売り上げ）

・IT 支援事業者免許獲得し経営ソフト販売を開始

・M&A 支援事業者の認定申請をして通る

この時期、事業の拡充以外にも、法人として体裁を整えるのに毎日一定時間を費やすようになった。

法人は社会の公器である。それを肝に銘ずべきである。

集大成として、その時点での総括を知的資産経営報告書という形でまとめている。（最終章で説明して、掲載している）。

（鉄則９の解説）

鉄則９　当社はプロのネットワーク・クリテイカルチェーンの一環で事業を行う。

私は一旦、労働契約を清算して、能力のあるものだけを外注契約することにした。要するにプロフエッシャル扱いである。

この場合、出すコスト以上の売上を上げないといけない。

１人当たりコストが約２倍になった。今、派遣会社に頼むとそれくらいの単価は覚悟しないといけない。

しかし、その方が、まだやりやすくなった。プロなので難しい業務も任せられるし、成果物に不満なら仕事を出さないだけだ。

仕事は自分でとってこないといけない。

その方が、すっきりする。営業と採用・雇用管理と２重の苦労より、苦労はひとつに集中した方が良い。
これは、直接雇用して、教育・育成して戦力化していくことを否定しているのではない。
ただ、それが、どんどん困難な時代になり、コストも上がっていく時代にはなっていくだろう。

（鉄則 10 の解説）
鉄則 10　業態をサービス業と固定せず信用の上に成り立つソフトの小売業も行う。

売り上げ拡大（１億突破）ということについては、次の図がポイントである。ずっと追いかけているお客さんに経営ソフトを IT 支援事業者として買ってもらっているのである。
クライアントごとにコンサルティングを売る時期、ソフトを売る時期をワントゥワンマーケティングで追っていく。（次の波は人的資本経営・ハラスメント予防・ブロックチェーンなど）

決して、ソフトを売る、コンサルを売るなどとパッケージ化はしない。（ただし、ソフトの売れやすい時代などの空気はある）。
ネット入り口が多いので、地方からも顧客が付くが、地方の中堅企業の方がお金を持っているケースが多い。ここを育てる。

このあたりの戦術はいわば当たり前のことで目新しさはない。しかし、当たり前のセールスが出来なくなっている世の中である。
このスキームは、付け刃で挑んでも大やけどするだろう。
当社は本の販売を始めた時代から再販売の利くソフトの販売を円滑行えるように総ての経営戦略をそれに合わせてきた経緯がある。
また日々の資金繰り、会計の体制もコンサルティングの業態とソフト販売では全く違う。
極端に言うと小売業の財務テクニックが要るのである。
このように規模拡大しているところ、売上を上げているところには、隠れた収益源がある。
それを明示する場合もあるし、あえて言わない場合もある。
セミナーなどで有名社長が言っていることは言葉の後付け」でありその戦略を取ればうまくいくと勘違いしてはならない。
そういう真実を知ってもらいたくてあえて真実の姿を公開した。

初めて１千万を超えた時も１億を超えた時も達成感はなかった。壁を突破した人は多くがそうだろう。経験したことのない人には分からない。逆に言えば、そういう達成感を求めて日々生きている人にはその瞬間は訪れないだろう。
頑張ればできるということとは相反する世界であり、差別化を冷静に仕組んで網を張るように仕掛ける。
その中で、それがうまく作動するか細心の注意で、事業遂行し続けるうちにヒアヒア感の中で突破するものである。今の時代、体育会系精神でがんばろうとすると逆に売り上げは落ちる。
事業の晩年になってからそれを悟ってももう遅い。

第６章　マーケット分析編

１．定義

私のマーケットが成り立つと考える際の要件は以下の通りです。基本的に全て必要です。
①市場規模がある程度ある。
②専門ノウハウが必要となる。
③時代の雰囲気が押す。

重要なのは最後の「③時代の雰囲気が押す」です。
それも極端に言うとマーケットに私も乗り遅れたくないという心理が起こるときです。
①と②だけでもロジックとしてはマーケットは成り立ちます。
しかし、営業力が必要になります。しかも、クライアントは一般的には営業されるのは嫌なのです。
そこを無理に押すと後でトラブルにつながります。

②専門的ノウハウについてはコロナ期の雇用調整助成金のように最初は、専門家に聞かないと分からない、しかし、時がたてば実は簡単なものだと判明し、顧客自ら申請する場合もあります。
取り上げたジャンルもこの要素で評価・解説しています。
あくまで、私の感覚です。
皆様も考えて評価してください。

今回実際に私が上げたのは以下の５分野です。
①顧問業務
②海外進出サポート
③補助金・助成金サポート
④人的資本経営ハラスメント対策など最近、人の問題として注目浴びているジャンル
⑤CHATGPT など IT 分野（最新ツールを使うジャンル）
の５つです。

①の顧問業務は分野というのはおかしいかもしれませんが、実際に経験して、考え方を説明したいので入れています。
⑤の CHATGPT など IT 分野については取り扱っていませんがこれも、考え方を解説したいので入れています。

２．ジャンル解説

①顧問業務

市場規模　○
専門ノウハウ　▲
時代が押すか？　▲

通常の顧問業務について、トレードオフの矛盾があると思い今はやっていなません。
サービスを提供する側は、労働負荷を下げようといかに手を抜くかを考えます。
逆に企業側はそのコストを下げようと使い倒そうとします。
ただ、私の場合、顧問業務を整理するきには相手に格好がつくように、こちらがミスをして、相手が怒ってクビにしたという形をとりました。

今から思えば、これは正しかったと思います。一時でもお金を貰っていた一宿一飯の恩義があります。
顧問業務での経営が成り立つのは件数が一定以上になり、ひとつの行政官庁に届け出に行く時に、複数会社の書類をどさっともっていけるケースです。
しかし、その数を目的とすると、企業の創業の後の生存期限が、10年で数%というのが、響き意外と安定しません。
では、社会保険労務士などでこの顧問業務のメリットが生かせるケースとは考えると、先代の先生の地盤・看板がそのまま相続で生かせるケースです。
営業開発する時間が省略できるからです。

しかし、私の考えでは、顧問契約自体が、それ相応の時間を取られ売上がはね上がりません。

②海外進出サポート

　履歴としては2006-2012年頃に取り組んだ海外進出サポートです。まずは要素評価します。

市場規模　▲
専門ノウハウ　◎
時代が押すか？　×

時代が押すかというところは説明が必要で、マスコミが押しても、経営者の心が前向きにならないと成立しません。
この海外進出サポートについてはそれが言え、いくらマスコミがその必要性を言っても、いまだに海外進出は「苦行」なのです。
私がこれを試行したころはまさに海外市場としての中国進出

の可能性が盛んにマスコミで特集されたころでした。
2000 年代の安い人件費コストを求めての製造アウトソーシングの波よりずっと遅れてきた新興市場としての可能性なので、第二次の波です。
マスコミは海外進出を勧めるのと並行して、嫌中意識を刺激することも秘かに行っていました。書籍などもそちらの方が売れるからです。中国はいずれだめになるという論調の方が多かったということです。
そんなところに尖閣列島事件が起こり、「それみたことか」となりました。
嫌中の人には待ってましたの事件だったのです。
政治と経済は別というのは政治家が言うことであって、中小企業の経営者の心には響きません。
海外進出セミナーに来ている人は行きたくないので海外進出リスクの説明を聞いて「だからだめなんだな」と確認しに来ているのです。真に海外での生き残りを考えている人たちはそんな時間のかかるステージを踏まずに先に飛行機のチケットを買っています。
その本音と建て前を私は読み間違っていました。このマーケット選択での結果は向かい風の中でとぼとぼと歩いていただけでした。
これが、補助金のジャンルになるとマスコミが必要性を訴えて事業主もそれを欲しいと切望するので本音と建前が一致したのです。

しかし、この仕事で生きている人が皆無なわけではありません。
では、この海外進出サポートが成り立つのはどのような場合でしょうか？
拠点を海外の方に移してしまって、邦人企業を現地の人と組んで騙すのです。これを中国の場合で説明しますと、日本人は中国人に対しては、ガードが上がり切っているので騙されないぞと注意しています。そこで、現地で日本のコンサルティング会社を見つけるとほっとしてしまうのです。
その日本人コンサル企業も当初は純粋な気持ちで出ていった会社なのでしょう。それが中国で生き抜いていこうとする過程で次第に中国ナイズされていったのです。だからやむおえない部分もあります。騙される方が悪いともいえます。
こんな話知らなかったでしょう。海外進出に失敗した人も海外で日本人に騙されたってかっこ悪くて言えないのです。常に悪者は中国人なのです。
これは、噂で知っているというレベルではなく、中国で調査しているうちにそういう中国人のようになってしまった日本人コンサルタントとも知り合い、上海や蘇州の日本人街でよく飲みました。朝まで騒ぎながら、この道は違うなと思いました。
楽しかったのは、楽しかったですが・・・

③補助金・助成金サポート分野

2013年から取り組んだ補助金・助成金サポートです。

市場規模　◎
専門ノウハウ　○
時代が押すか？　◎

このジャンルは改めて、説明は要らないのかもしれません。
まず、１件当たりの単価はあえて抑えてきた感があります。
関与した件数については、全国トップクラスでしょう。
中小企業庁の掲示板に、支援した認定機関として載ったのは

50 回を超えました。大手コンサルティング会社を除くとトップでしょう。（大手コンサルティング会社の場合も結局、ひも付きの士業事務所にばらまいているだけなので、それの総合件数です）。
まず、他のコンサルタントとの違いは、海外ビジネスサポートの時代から常に情報発信してきたので、情報がクライアントにたどり着く速度で勝ったということです。情報発信力の勝利です。

この情報の早さは意識していて、新しい施策の用語については真っ先にサイトに掲載して検索時に上がるように抑えることにしています。
検索順位というのは初め作られたところから変わりません。
顧客は、検索画面では内容が分からないから検索順位の上からクリックするからです。
これを先駆者利益と言います。
このような競争優位性がない状態で、クライアントを取ろうとしたら「＊＊＊万円貰えます、返済不要のお金です」という派手な宣伝を打つしかありません。
それは、後々、トラブルだらけになる事は理解できるでしょう。
もうひとつ言いたいことは、このビジネスが火のついたところから顧客名簿を作らねばいけないとリスト作成したことです。商売は点（単発）で考えてはいけません。

④人的資本経営・ハラスメント予防

市場規模　？
専門ノウハウ　○
時代が押すか？　○

ハラスメント予防対策については、中小企業も含めて相談の担当者を決めなければいけません。（少人数でやりにくい会社のために相談窓口は外注も可能です）。
上場している会社は人的資本経営に関する報告書もつけないといけないことになっています。（可視化報告書と言います）。
現状では、その報告書も無理に数値に落とし込んでいるだけの感もありうまく運用されていません。
ここで、マーケットは大企業になるでしょう。
宝塚歌劇団・吉本興業など最近の事件を見れば、大企業は市場で大きなハンデを背負うからです
どういう業務イメージになるかというと、研修スタイルで人権を守るという内容になりますので、基本に戻ります。
大きな視点で見ると人材を大切にするということは企業価値を上げるということもなりますので事業継承・M&A にもつながっていきます。
時代が押しているか？という視点では追い風でしょう。
社会保険労務士の課題はと言えば、そのような（上場）大企業マーケットにいかに接近するか？ということになります。
どのような分野でも時代に先行して出版物をどんどん出して、その道のオーソリティになる道があります。
流行した時にすでに露出が出来ているということで「ジャストビジネス」と言います。
私は、その道は志向しません。これからの時代がどう動くかも分かりません。
これも海外進出ビジネス失敗が影響しているのかもしれません。

⑤CHAT　GPT など

　最近のネタですが、私が取り組む気のないジャンルです。

市場規模　○
専門ノウハウ　○
時代が押すか？　×

これは、CHAT　GPT と限定することなく、いわゆる流行りの IT ネタです。

大きな話題のない時代には、消去法でメジャーなネタになる場合があります。
それにかけるリスクはメガバースはその後、どうなったと考えると分かりやすいと思います。
時代が押すかのところを×にしたのは、コンサルタントが「これが時代を変えるんだ！」と叫んでも中小企業社長の心には響かないからです。
ただし、それでも能力あるコンサルタントは仕事取ってくるでしょう。
これで、儲けたい人を集めてする B2B セミナーが最も手っ取り早いかもしれません。

ただし、私が何度も警鐘鳴らしている問題があります。
GPT に「木村拓哉風のキャラを作ってそれで我が社を宣伝して」と指令したとします。
すると GPT はネット情報のどこから取ってきます。
そう思えば生成 AI 画像はどっかで見たことある画像ばかりでしょう？
その画像の露出がブレイクした時に木村拓哉事務所は訴えて

こないでしょうか？
実は、今のところわが国ではこの場合の肖像権の問題などが決まっていないのです。
YOU TUBE で既にあるヒット曲を「＊＊＊唄ってみた」というのが許されているのは、YOU　TUBE がジャスラックに一括して払ってくれているのです。CHAT　GPT の仕組みはそんなことはしていません。
盗まれている方は、着々と訴える準備をしているかもしれません。

ここまで、私の関与した分野（⑤は除く）を長所・短所という視点で分析してきましたが、（ここまでの文脈で分かると思いますが）決して、平面的には見ないでください。
貴方の独自のストーリーの中では弱みが強みに変わることもあるでしょう。

よくあることとして、この分野はダメなのでとマーケットのせいにして畑を変える人がいますが、それは、やり方が悪いのが一般的であって、いくら畑を変えても前進しません。
それだけで一生終わってしまいます。
これに気が付いたのは海外進出から補助金サポートに変えてもついてきてくれた少数のお客さんでした。

第７章　経営書式編

　これまでの履歴の過程で、提出した申請書式類・経営書式類を掲示し解説します。
その時々で知恵を絞り言葉でどう見せたらいいかを考えた結果です。
何を目的か？誰に見せるのかを意識して解読してください。
現在の行政の各種申請制度には総合的に作られていないという欠点があります。
例えば、経営革新計画や事業継続力計画について、政府が推奨して、金融機関も推しているのに、借入時にはそれを認定取得していても一向に評価されません。
逆に行政の縦割りの隙間をつけば、それぞれの恩典を取れるということがあります。
掲載した書式をそのまま真似てもらっても結構ですが、何回もトータルで読み自分の意図をいかに書式に埋め込んでいるかの考え方の方が重要です。

掲載資料
１．法人設立一式　法人定款・法人創業時の主意書・挨拶状
２．持続化補助金申請書（個人）個人でのみ申請
３．BCP 計画書（個人法人の２回認定）法人を掲示
４．経営力向上計画（個人・法人の２回認定）法人を掲示
５．許認可申請書（IT 支援事業者申請・M&A 支援機関）
６．借入申請書
７．経営革新法申請（個人・法人の２回）双方を掲示

８．知的資産経営報告書（法人でのみ申請）
９．金融機関への財務報告書（決算・仮決算時）
を解説します。（策定当時の書式です）。
履歴と何回も読み合わせて、それぞれの TPO における役割や意図をどこに含めているかを読み解いてください。

３の BCP 計画（事業継続力強化計画書）は、ハザードマップで災害予測レベルを測るということですので個人・法人内容は同じです。
４の経営力向上計画も個人・法人とも内容はほぼ同じです。
この２件は法人の方で説明します。

５の許認可申請である IT 支援事業者申請・M&A 支援機関申請は、当社の組織や資本金、事業内容を説明するだけの申請で戦略内容を書くところはありません。
６の借入申請資料は、書式は金融機関のものですので、書式掲示はなく解説のみになります。
７の経営革新法申請は個人事務所時代と法人になってからはステージが変わり内容も変わっていますので双方示します。

８の知的資産経営報告書は法人で申請となっていますが、個人事業でも作りました。提出の際に近畿経済産業局の役人に宣伝的要素が多すぎるとして行政へのリンクは不可と言われました。
これらは事業実態をある言葉に変換していく行為であり、100%正確にそれを示しているかという疑問な面もあります。
これは、言葉で良く見せるという意味合いもありますが、やむをえない面もあります。
市場ではこれの巧みな企業が優位に立つと言えますが、あまりに奇麗に言葉で飾ると、後で、クレームを受けることも多くなります。
ここまでは、経営実態→言葉という世界ですが、もうひとつ、決算書を作ると　経営実態・数字→言葉での説明も必要になります。
対金融機関だけではありません。対税務署ということもあるのです。

1．法人設立一式

法人の場合には、口座を作るのが大変な時代です。
それは、借り入れにつながるから慎重なのでありません。
詐欺の受け皿口座、マネーローンダリングの口座、反社会的勢力の口座になってしまうのを恐れるからです。
口座は作ってしまえば、金融機関側は基本解約できません。
以下、金融機関に対しての法人作成、口座作成時の提出資料です。
金融機関にはこの他に場所が賃貸だった場合には、賃貸契約書の提出も必要です。（そこで、反社チェックするのです）。
また真正なる経営者はだれかの誓約書も要提出です。

①法人作成チェックリスト　2022年2月作成

4月初旬　定款決定、役員報酬決定
4月初旬　京都信金　個人口座で資本金充当分残高証明
4月初旬　法人印鑑作成
4月中　　電子定款登録
4月中　　法人登記
4月初旬　法人口座作成　京都信用金庫（内諾済み）
4月下旬　法人会計スタート（ソフト導入済み）
5月以降　社会保険事務所で社会保険の事業所設置

５月以降　法人引き落としの銀行登録（今のところ項目なし）
５月以降　税務署に開業届など一式届け
５月以降　売上を法人で受ける関係機関に挨拶状（請求書名義切り替え）挨拶状は行政機関に要提出
５月以降　経営革新支援認定機関の権利を法人なりで変更申請（一斉切り替え日あり）
５月以降　今期の予想Ｂ／Ｓ、Ｐ／Ｌの策定
５月以降　法人で倒産防止共済開始（個人も残す、可能であることは確認済み）
５月以降　法人で、外国人　特定技能制度の登録支援機関申請（京都入管出張所）（これは検討の上、実施せず）
６月以降　労働基準淳監督署で、労働保険設置（年度更新時に調整）

②法人定款（法人登記簿謄本）2022 年４月作成

定款
第１章　総 則
（商号）
第１条　当会社は、株式会社西河マネジメントセンターと称する。
（目的）
第２条　当会社は、次の事業を行うことを目的とする。
(1)　経営に関するコンサルティング業務
(2)　財務に関するコンサルティング業務
(3)　企業研修業務
(4)　営業やマーケティングに関するコンサルティング業務
(5)　経営に関するソフトの販売
(6)　前各号に附帯関連する一切の事業

（本店所在地）
第３条　当会社は、本店を京都府乙訓郡大山崎町に置く。
（公告方法）
第４条　当会社の公告は官報に掲載する方法により行う。
第２章　株 式
（発行可能株式総数）
第５条　当会社の発行可能株式総数は、１０００株とする。
（株券の不発行）
第６条　当会社の発行する株式については、株券を発行しない。
（株式の譲渡制限）
第７条　当会社の発行する株式の譲渡による取得については、代表取締役の承認を受けなければなら
ない。
（相続人等に対する売渡請求）
第８条　当会社は、相続、合併その他の一般承継により当会社の株式を取得した者に対し、当該株式を当会社に売り渡すことを請求することができる。
（株主名簿記載事項の記載等の請求）
第９条　当会社の株式取得者が、株主名簿記載事項を株主名簿に記載又は記録することを請求するには、当会社所定の書式による請求書に、その取得した株式の株主として株主名簿に記載若しくは記録された者又はその相続人その他の一般承継人と株式の取得者が署名又は記名押印し、共同してしなければならない。ただし、法務省令で定める場合には、株式取得者が単独で上記請求をすることができる。
（質権の登録及び信託財産の表示の請求）
第１０条　当会社の発行する株式につき質権の登録、変更若しくは抹消又は信託財産の表示若しくは抹消を請求するには、当会社所定の書式による請求書に当事者が署名又は記名押印

してしなければならない。
（手数料）
第１１条　前２条に定める請求をする場合には、当会社所定の手数料を支払わなければならない。
（基準日）
第１２条　当会社は、毎事業年度末日の最終の株主名簿に記載又は記録された議決権を有する株主をもって、その事業年度に関する定時株主総会において権利を行使することができる株主とする。
２　前項のほか、必要があるときは、あらかじめ公告して、一定の日の最終の株主名簿に記載又は記録されている株主又は登録株式質権者をもって、その権利を行使することができる株主又は登録株式質権者とすることができる。
（株主の住所等の届出）
第１３条　当会社の株主及び登録株式質権者又はその法定代理人若しくは代表者は、当会社所定の書式により、住所、氏名又は名称及び印鑑を当会社に届け出なければならない。
２　前項の届出事項を変更したときも同様とする。
第３章　株主総会
（招集）
第１４条　当会社の定時株主総会は、毎事業年度の終了後３か月以内にこれを招集し、臨時株主総会は、必要がある場合にこれを招集する。
（招集権者）
第１５条　株主総会は、法令に別段の定めがある場合を除き、取締役社長が招集する。
（招集通知）
第１６条　株主総会の招集通知は、当該株主総会で議決権を行使することができる株主に対し、総会の日の１週間前までに発する。ただし、書面投票又は電子投票を認める場合には、会日の２週間前までに発するものとする。
２　　議決権を行使することができる株主全員の同意があるときは、書面投票又は電子投票を認める場合を除き、招集の手続を経ることなく開催することができる。
（株主総会の議長）
第１７条　株主総会の議長は、取締役社長がこれに当たる。
２　取締役社長に事故があるときは、当該株主総会で議長を選出する。
（株主総会の決議）
第１８条　株主総会の決議は、法令又は定款に別段の定めがある場合を除き、出席した議決権を行使することができる株主の議決権の過半数をもって行う。
２　会社法第３０９条第２項に定める決議は、議決権を行使することができる株主の議決権の過半数を有する株主が出席し、出席した当該株主の議決権の３分の２以上に当たる多数をもって行う。
３　取締役又は株主が株主総会の目的である事項について提案をした場合において、当該提案について議決権を行使することができる株主の全員が提案内容に書面又は電磁的記録によって同意の意思表示をしたときは、当該提案を可決する旨の株主総会の決議があったものとみなす。
（議事録）
第１９条　株主総会の議事については、開催日時、場所、出席した役員並びに議事の経過の要領及びその結果その他法務省令で定める事項を記載又は記録した議事録を作成し、議長及び出席した取締役がこれに署名若しくは記名押印又は電子署名をし、株主総会の日から１０年間本店に備え置く。
第４章　取締役及び代表取締役
（取締役の員数）
第２０条　当会社の取締役は、１名以上とする。

（取締役の選任）
第２１条 取締役は、株主総会において、議決権を行使することができる株主の議決権の３分の１以上を有する株主が出席し、その議決権の過半数の決議によって選任する。
２　取締役の選任決議は、累積投票によらない。
（取締役の任期）
第２２条 取締役の任期は、選任後１０年以内に終了する事業年度のうち最終のものに関する定時株主総会の終結の時までとする。
２　任期満了前に退任した取締役の補欠として、又は増員により選任された取締役の任期は、前任者又は他の在任取締役の任期の残存期間と同一とする。
（代表取締役及び社長）
第２３条 当会社に取締役を複数置く場合には、取締役の互選により代表取締役１名以上を定め、その内１名を取締役社長とする。
２　当会社に置く取締役が１名の場合には、その取締役を代表取締役とし、社長とする。
３　社長は、当会社を代表し、当会社の業務を執行する。
（取締役の報酬及び退職慰労金）
第２４条 取締役の報酬及び退職慰労金は、株主総会の決議によって定める。
第５章　計 算
（事業年度）
第２５条　当会社の事業年度は、毎年４月１日から翌年３月末日までの年１期とする。
（剰余金の配当）
第２６条　剰余金の配当は、毎事業年度末日現在の最終の株主名簿に記載又は記録された株主又は登録株式質権者に対して行う。

２　剰余金の配当が、その支払の提供の日から満３年を経過しても受領されないときは、当会社は、その支払義務を免れるものとする。

第６章　附則

（設立に際して出資される財産の価額及び成立後の資本金の額）

第２７条　当会社の設立に際して出資される財産の価額は、金１０００００００円とする。

２　当会社の成立後の資本金の額は、金１０００００００円とする。

（最初の事業年度）

第２８条　当会社の最初の事業年度は、当会社成立の日から令和５年３月末日までとする。

（設立時役員）

第２９条　当会社の設立時役員は、次のとおりとする。

設立時代表取締役 西河豊

設立時取締役 西河豊

（発起人の氏名ほか）

第３０条　発起人の氏名、住所、発起人が割当てを受ける設立時発行株式の数及び設立時発行株式と引き換えに払い込む金銭の額は、次のとおりである。

住所　京都府乙訓郡大山崎町字円明寺小字北浦 2 番地 6　1-403

発起人　西河豊　２０株　金１０００００００円

（法令の準拠）

第３１条　この定款に規定のない事項は、すべて会社法その他の法令に従う。

以上、株式会社西河マネジメントセンター設立のため発起人西河豊の定款作成代理人＊＊＊は電磁的記録である本定款を作成し、これに電子署名する。

令和 4 年 4 月 20 日
京都府乙訓郡大山崎町字円明寺小字北浦 2 番地 6　1-403
発起人 西河豊
発起人の定款作成代理人
氏名　** *

定款の見方
第２条　事業の内容で重要、何でもできるようになっているのはブローカー謄本と見られるので注意です。
第３条
第５，２７，３０条で株主構成、資本金が分かります。
第６条　株券発行しているかも注意すべきです。
第７条　通常中小企業の株式は譲渡制限となっています。

第２５条　決算期の確認をすべきです。

登記簿謄本（全部履歴事項）2022 年 5 月登記

履歴事項全部証明書

京都府乙訓郡大山崎町字円明寺小字北浦２番地６、１－４０３
株式会社西河マネジメントセンター

会社法人等番号	１３００－０１－０７１７３２
商　号	株式会社西河マネジメントセンター
本　店	京都府乙訓郡大山崎町字円明寺小字北浦２番地 ６、１－４０３
公告をする方法	当会社の公告は官報に掲載する方法により行う。
会社成立の年月日	令和４年５月２日
目　的	1　経営に関するコンサルティング業務 2　財務に関するコンサルティング業務 3　企業研修業務 4　営業やマーケティングに関するコンサルティング業務 5　経営に関するソフトの販売 6　前各号に附帯関連する一切の事業
発行可能株式総数	１０００株
発行済株式の総数 並びに種類及び数	発行済株式の総数 ２０株
資本金の額	金１００万円
株式の譲渡制限に 関する規定	当会社の発行する株式の譲渡による取得については、代表取締役の承認を受けなければならない。
役員に関する事項	取締役　　西　河　豊
	京都府乙訓郡大山崎町字円明寺小字北浦２番地 ６、１－４０３ 代表取締役　　西　河　豊
登記記録に関する 事項	設立 令和　４年　５月　２日登記

③挨拶状　　2022年５月作成

　　　　　　　様
謹啓　時下ますますご清栄のこととお慶び申し上げます
平素は格別のご厚情を賜り厚く御礼申し上げます
この度、５月２日をもって新しく「株式会社西河マネジメントセンター」を設立することといたしました
これもひとえに皆様方の温かいご支援の賜物と深く感謝申し上げますつきましては　皆様のご期待にお応え出来ますよう一層の努力をいたす所存でございます
何卒　倍旧のご支援お引立てを賜りますよう謹んでお願い申し上げます
尚　設立に伴い銀行口座が左記（下記）のとおりとなりましたので併せてお知らせ申し上げます
まずは略儀ながら書中をもちましてご挨拶申し上げます

取引銀行　京都信用金庫（＊＊＊＊）＊＊支店（＊＊＊）
普通　*******

名義　株式会社西河マネジメントセンター

謹　白

令和４年５月吉日

株式会社西河マネジメントセンター
代表取締役　西河　豊

④法人作成主意書（口座を作る金融機関提出用）

2022年５月作成

株式会社西河マネジメントセンター　事業計画書
代表取締役　西河　豊

●主旨
・個人の生業色を消していくのが主眼
・年金収入分くらいの収入でも何らかのシステム化した形でのキャッシュフロー収入をえられないかという狙い
●売上の見込み
社会保険労務士業務については、一部、民間営利法人では受けられないものがあり、個人事業も残る
コンサルティングを主とした中小企業診断士部門は法人にシフト
昨年売り上げは４千万
Ｒ２　社労士８：診断士（認定機関）２
Ｒ３　社労士５：診断士（認定機関）５
Ｒ４　予想　社労士５：診断士（認定機関）５
単純換算すると初年度売上２千万（個人事業も同額）
利益予想は１０％の２百万
●今後のコンサル（法人部門）収入計画
・地道な経営相談業務（相談機関の仕事が一定件数ある、京都商工会議所、乙訓地域商工会には振込口座指定替えを依頼予定）
・補助金のアシスト、事業復活支援金など給付金のアシスト
●コスト見込み
・初年度、役員報酬（西河１名）月１０万
・初年度なので消費税納税はなし
・一般管理費のうち、経費類自動引き落としは水道光熱費などなので、個人のままにしたい。
・人件費は直接雇用ではなく契約社員契約で、外注費計上する。
・今後利益が上がれば、節税は、倒産防止共済を個人・法人ともにしたい。（商工会で調整中）

２．持続化補助金申請書

　補助金申請書の内容はいかようにも書けるという例です。私の事業履歴と読みあせて、どのシチュエーションをどのようにあてはめているか見てください。
補助金とは採択受けて喜ぶべきものでもありません。実際このFB広告事業も、何もフオローできずに終わっています。
ほとんど企業がキャッシュフロー効果を産ませるところまで行きません。
採択時点で喜び、労力は補助金の形式的な実務に追われ疲れ切ってしまうのです。

しかも、2020年当時、補助金申請業務に疲れて心筋梗塞で倒れ、死にかけたのです。
補助金とはお金を貰うのではなく、補助金事業をさせて貰うことです。
その事業で国が良いと評価した事業は、通常、儲かるものではないのです。
そこを理解できる人はそういません。

注）以下の経営書式において真似ていただくことは大いに結構ですが、それぞれ、作成時点での書式ですので、多少改訂されているケースがありますので注意してください。

2019年5月作成

【全国商工会連合会提出用】

（様式２－１：単独１事業者による申請の場合）

経営計画書兼補助事業計画書①

名　称：西河経営・労務管理事務所

＜応募者の概要＞

（フリガナ） 名称（商号または屋号）	にしかわけいえい・ろうむかんりじむしょ 西河経営・労務管理事務所		
法人番号（13桁）※1			
自社ホームページのＵＲＬ （ホームページが無い場合は「なし」と記載）	http://nishi.my.homepage.ne.jp/outline.html		
主たる業種	【以下のいずれか一つを選択してください】 ①（　○　）商業・サービス業（宿泊業・娯楽業を除く） ②（　　）サービス業のうち宿泊業・娯楽業 ③（　　）製造業その他 ④（　　）特定非営利活動法人（主たる業種の選択不要）		
常時使用する従業員数※2	4人	＊常時使用する従業員がいなければ、「０人」と記入してください。 ＊従業員数が小規模事業者の定義を超える場合は申請できません。	
資本金額 （会社以外は記載不要）	万　　円	設立年月日（西暦）※3	2000年4月　　日
直近1期（1年間）の売上高（円）※4	32,952,113円 決算期間1年未満の場合：　か月	直近1期（1年間）の売上総利益（円）※5	31,980,285円 決算期間1年未満の場合：　か月

連絡担当者			
（フリガナ） 氏名	にしかわ　ゆたか 西河　豊	役職	代表者
住所	（〒618-0091） 京都府乙訓郡大山崎町円明寺北浦2-6　1-403		
電話番号		携帯電話番号	
FAX番号		E-mail アドレス	wazxx@mbox.kyoto-inet.or.jp

代表者の氏名	西河　豊	代表者の生年月日（西暦）	1959年9月23日
		満年齢（基準日はP.66の別紙参照）	60歳

【以下、採択審査時に「事業承継加点」の付与を希望する、代表者の「基準日」時点の満年齢が「満60歳以上」の事業者のみ記入】

補助事業を中心になって行う者の氏名		代表者からみた「補助事業を中心になって行う者」との関係 【右の選択肢のいずれか1つにチェック】	□①代表者本人 □②代表者の配偶者 □③代表者の子 □④代表者のその他親族 □⑤上記以外（親族外の役員・従業員等）
＊「様式6（事業承継診断票）」Q1【　】記載の「後継者候補」の氏名と同一の者か 【いずれか一方にチェック】	□①「後継者候補」である ⇒追加資料の添付が必要（公募要領P.49参照） □②「後継者候補」でない		

これまでに実施した以下の全国対象の「小規模事業者持続化補助金」（※被災地向け公募事業を除く）の補助事業者に該当する者か。**（共同申請で採択・交付決定を受けて補助事業を実施した参画事業者も含む。）** 「補助事業者である」場合、応募時に、該当回の実績報告書（様式第８）の写しの提出が必須です。		
＜第１回受付締切分・第２回受付締切分に応募の場合のみ＞ （１）平成２８年度第２次補正予算事業のうち【追加公募分】で、持続化補助金の採択・交付決定を受け、補助事業を実施した事業者か否か。	□補助事業者である	☑補助事業者でない
＜第１回～第４回受付締切分に応募の場合のみ＞ （２）平成２９年度補正予算事業のうち【全国向け公募】で、持続化補助金の採択・交付決定を受け、補助事業を実施した事業者か否か。	□補助事業者である	☑補助事業者でない
＜第１回～第４回受付締切分に応募の場合のみ＞ （３）平成３０年度第２次補正予算事業のうち【全国向け公募】で、持続化補助金の採択・交付決定を受け、補助事業を実施した事業者か否か。	□補助事業者である	☑補助事業者でない
（上記のいずれかで「補助事業者」に該当する方のみ） それぞれ該当する回の補助事業での販路開拓先、販路開拓方法、成果を記載した上で、今回の補助事業との違いを記載してください。（共同申請による実施は、代表事業者名を明示のこと）		

＜経営計画＞【必須記入】

１．企業概要

士業事務所としての商材・サービスに試行を重ねながら、２０１３年より、業務ジャンルを補助金・助成金の申請サポートに集中し、ネットでの情報発信など積み重ね、全国商圏でお客さんの問い合わせを集中処理していく戦略にシフトした。この戦略にはブランドと信用が必要と直感して経営関係の出版も集中的に１０冊発刊した。

この選択と集中戦略により売上は２０１７年990万、２０１８年3,540万、２０１９年3,295万円と上昇基調にある。

経営課題として事業を中小企業の資金調達サポートとして選択と集中を図ることで売上・利益力は高まったが、業務と売り上げの月ごとの繁閑差が激しい状況になっている。

本計画では、当事務所にたまったノウハウで有料会員での助成金情報サービスを展開して収益の安定性を図る。そのために新事業の促進のＦＢ広告を実施し、事業展開を加速したい。

２０１９年売上・コスト構成		売上	原価
各部門売上	①直接営業	400万円	0万円
	②テレ営業・ネット営業	2800万円	2400万円
	③出版ビジネス	20万円	40万円
	④会員制助成金情報サービス（新設）		

上記コストは、原価であり、この他に事務所運営の固定費がある。

①は地元大山崎町中心に事業主が限定的に訪問している。

②は顧客開発、及び、事務処理するスタッフは関東方面に配して、賃金にて還元している。また、研修・キャリアコンサルタントなど助成金関係の専門家も私のネットワークを使っている。（直接雇用者、現在4人全員テレワーク、専門家には外注）

本プランでは、この①②の業務ゾーンで培った「どうしたら助成金申請がうまくいくか？また、どうしたら経営によい効果を及ぼすか？」のノウハウ部分を有料で情報を提供していく。

２．顧客ニーズと市場の動向

助成金については、申請企業数がつかみにくいため、マーケティング構造を経済産業省補助金で説明する。

4

経済産業省の補助金でもっともメジャーな補助金のものづくり補助金を例にとると一回の公募で約７万社、採択事業者は２～３万社である。（近年は公募数・採択数とも下降気味）
これに対して、（個人法人問わず）中小企業は全国で、約３５０万社、製造業で約５０万社ある。
まずは、中小企業支援策の情報不足により脱落している先に１社でも多く今回のシステムの広報をしたい。（FB広告などによる、後述）
申請に至っていない事業所に対して、かゆい所に手が届く助成金のサブスプクリプションボードを営業推進すれば、ニッチな層であっても、かなりの会員獲得が出来るのではないかと思われる。
経済産業省補助金は主に製造業の設備投資が中心であるのに対して、厚生労働省助成金は雇用にまつわる用途であるためマーケットは業種は問わず全産業の３５０万社にわたる。
現況では、申請する事業主のタイプは
・所管に聞きながら何とか自分で作成する事業所
・専門家に事業委託する事業所
に大別される。（その構成比は調査データがないので分からない）
専門家委託の場合は
補助金申請での報酬比較　着手金　１０万円前後　成功報酬１０％が一般的
助成金申請での報酬比較　成功報酬２０～３０％（平均受給額５０万程度）が一般的
が相場である。
今回後述する当事務所の新サービス（助成金情報サブスクリプションサービス）をランニングすれば、低価格な会員制は魅力を感じてもらえると確信する。
所管に聞きながら何とか自分で作成する事業所については、申請のポイントを丁寧に、助成金ごとの使い易さの評価を第三者的に教えてあげれば、事務の効率化に寄与できる

３．自社や自社の提供する商品・サービスの強み
（自社の強み）
・ネットでの地道な情報発信履歴
ネットによるコラム掲載　週２回　１０年継続　サイト名　補助金キラーサイト
無料メルマガ会員への週２回配信　　８年継続（５００人）
動画による月一回以上の配信　　４年継続（１０００以上の動画登録）チャンネル名　ものづくり補助金中心
全て、中小企業支援策に関するものであるが、意識レベルの高い層をマーケテイングするもので解説の内容レベルは少し上げている。
ここまでは、従来行ってきたフリー情報の提供である。このペースとレベルは、有料サイト開発後も落とさない。フリー情報でも、レベルの高いところを示し、会員を誘導して、有料サイトの形だけマネする事業者を差別化する。
以下、当事務所の強みを開設するがすべて今回の新サービスのマーケティングの実証につながっている。
・ネットアドバイスで申請採択された補助金実績
ものづくり補助金　５０件（認定機関としては１０件、金融機関からの紹介が多くバックヤードに回るケースが多い）
創業補助金　認定支援機関実績１件（中国人）
事業継承補助金　認定支援機関実績１件
全て、経済産業省となり、今回新サービスの助成金分野は違うが、信用をつけるには従来より効果を出している。

・ノウハウを売ってきた実績
この新サービスは知識を得て買い申請して貰う形になるので、サービスの本質がコンサルティングからは外れ、情報提供ビジネスに近づく。特異なゾーンに思われるかもしれないが、当事務所ではものづくり補助金を中心とした経済産業省の申請マニュアルを４００万円分（平均単価５，０００円×８００人）売ってきた実績があり、営業推進のノウハウがある。
・ビジネス書籍発刊実績　過去１０冊
コンサルタントによるマーケティング理論とマネジメント実践　共著　エコハ出版
それでも、小売業は中国市場を目指しなさい　中経出版
補助金・助成金の新理論
中小企業経営略の新理論
集客の新理論
補助金・助成金の新理論　完全改訂版
士業の集客とコンサル技術
待ったなし！外国人雇用 ―STORY で学ぶ入管法改正―
補助金獲得へのロードマップ
助成金獲得へのロードマップ　以上　三恵社
・当事務所での仕事実績によるリスト数
Ｂ２Ｃ　1,698 件（一般事業主）
Ｂ２Ｂ　362 件（士業、相談機関）
一斉に配信できるようにメールアドレスをキーコードにして常に整備している。

４．経営方針・目標と今後のプラン

・中小企業診断士・社会保険労務士の資格を生かした業務を柱として、中小企業支援策の企業での活用を事業としており、現在は一般的顧問業務は行っていない。
・対象は、規模の小さい中小企業を主としており小規模事業所も多い。業種は問わず。
・顧客開発方法は、私の地元大山崎町の小規模事業所での訪問顧客と、ネットやテレ営業でアプローチする全国商圏の顧客に大別される。

（単位：千円）

	平成３０年１２月	令和１年１２月
売上高	35,405	32,952
営業利益	2,121	3,233

＊）売り上げについては令和２年１月に９００万の売り上げがあり、１２月に入るべき分の月のずれであり、前年より落とした感はない。

	売り上げ（令和１年）	構成比	利益率予想
西河が地元で戸別訪問、業務を完結する業務	約３００万	９％	６０％
ネット集客して、テレワークの処理する先	約３，０００万	９１％	１０％

上段の代表者が自ら行う業務は、代表者の人件費は見ていない。販売管理費は売り上げ比率により配賦した。

代表者が、マンパワーでこなす業務は、その際に助成金を処理実践して、リスクをリサーチして、中小企業の活用度合いを測るのに役立っており、その経験をテレワークの教育に生かしている。

＜補助事業計画＞

Ⅰ．補助事業の内容

1. 補助事業で行う事業名【必須記入】（30文字以内で記入すること）

助成金サブスクリプションサービスの広報・推進

2. 販路開拓等（生産性向上）の取組内容【必須記入】（販路開拓等の取組内容を記入すること）

（事業目的）

今回、助成金情報の有料会員を募るのに際して、まだまだ、当事務所がまだまだ、知名度不足であると認識して、中小事業主にマーケティングして新サービスのＦＢ広告を打つ。

（用語の定義）

近年の流通の用語としてサブスクリプションサービスというのがあり、ユーザー志向に合うものとして広がりつつある。これは、商品・サービスの対価を都度払うものではなく、契約期間その購入・利用の権利を買うものである。これには、ユーザー側の活用の自由幅が大きいほどよいとされ、当事務所のプランである、「月額会員制で、利用の権利を買い、何回活用しても定額料金」というシステムがまさにこれに当てはまるものとして「助成金活用のサブスクリプションサービス」と称する。

（新サービスの内容）

当事務所が、閲覧無料のサイトに加えて、月額会員制の閲覧と質問回数自由の助成金活用の情報有料サイトを運営する。

コースは２種類でベーシックコースとグレードアップコース

ベーシックコース　９，８００円／月（消費税別）お試し期間１カ月

・メジャーな助成金の申請ノウハウを申請書記入モデルとともに有料会員サイトにネット掲示する。

・その助成金が、どのようなＴＰＯで、合うのか、また助成金活用度合いを評価して掲示する。

グレードアップコース　１９，８００円／月（消費税別）

・上記基本サービスに加えてクライアントが申請書作成後、当事務所で添削する

・ベーシックコースからのシフトを想定しているのでお試し期間はなし

（新サービスのユーザーの利点）

・クライアントが年間に何種類の助成金申請をしても月額定額料金であることよりお得感がある。いずれのコースも、年間で助成金１本獲得できればクライアント側がペイするような会費設定している。

（将来的なサービス開発）

・当事務所からの助成金解説セミナーなど同時多数受講自由のＺＯＯＭを活用したオンラインサロン実施する。会員同士の懇談なども可能にする。

・このコースで助成金を申請獲得した先進事業所による好事例紹介（口コミ効果を狙う）

・上記の先進事業所には事例紹介に見返りにポイントを付して、何らかの形で収益還元する。

・弁護士・弁理士・税理士・キャリアコンサルタント・産業カウンセラーなどとの提携を急ぎ、

・目標数値とその根拠
１年目　240万目標の内訳
ベーシック会員　１万×12カ月×16会員＝192万円
グレードアップ会員　２万×12カ月×２会員＝48万円
CHATWORKで地道に説明して会員へ誘導していく。
一気にグレードアップ会員獲得は考えにくくベーシック会員のシフトを誘導する。
２年目　432万目標の内訳　ベーシック会員　30会員　グレードアップ会員　３会員
３年目　720万目標の内訳　ベーシック会員　40会員　グレードアップ会員　10会員
上記、かなり安全に見た数字である。世の中で、サブスクリプション有利の一気にイメージが広がれば、目標上方修正の可能性はある。

3．業務効率化（生産性向上）の取組内容【任意記入】
＊公募要領P.31に該当する取組を行う場合は本欄に記入します。特になければ本欄は空欄のままご提出ください。

4．補助事業の効果【必須記入】
＊販路開拓等の取組や業務効率化の取組を通じて、どのように生産性向上につながるのかを必ず説明してください。

経営に意欲的で支援制度について学習していこうという先を全国商圏で拾えば、それがニッチであっても一定母数をなし中小企業の良き集合知グループを作ることができると思っている。
（当事務所の利点）
事務量の標準化と資金繰りの安定に寄与する。
いままで培ったノウハウ部分をマネタイズすることが出来る。
事務処理機能のあるお客様に関しては、報酬が下がっても申請事務を自社対応して貰える為、双方にメリットがある。
（ユーザー側の利点）
・サービスパッケージとしては、クライアントが年間に何種類の助成金申請をしても月額定額料金であることよりお得感がある。
企業の都市集中化の中にあっても私の顧客層で、地方で、専門家や商工会経営支援員の手の届かない事業所で、非常に財務体質の良い事業所はかなりあり、本サービスも辺境地であるが故の情報弱者に対する支援にもなる。
・直近に起こっている問題点として、新型コロナウイルスの対応策として出された支援策の受付所管が問い合わせにおいて、電話で問い合わせしても機能マヒしつつあり、当事務所でこのサービスを活用していただければ有料ではあるが助成金部門は円滑な支援策活用に寄与できる。

本プランは真に生産性の上がるものなのか検証するために経営力向上計画を策定して、申請し、認定済み（２０２０年３月）、真に新規性のあるものなのを経営革新法計画を策定して申請済み（審査中）、また、災害時にクライアントに迷惑かけないために様々な災害シミュレーションを策定して事業継続経営力強化計画を申請済み（審査中）である。

安価で会員に紹介できるようにする。
・その誘導措置として、前述のオンラインサロンにも知識提供という形で外部提携専門家に登場して貰う。

（今回プランのスタッフ）
統括　西河　豊
担当
FB広告　委託先　株式会社

（スケジュール）３月補助金申請　４月末採択結果発表予想　６～７月実施予定
事業実施項目は
・ＦＢ広告案策定（キャッチコピー・デザインなど）
・テストマーケテイング（どういう定性情報に絞るかの検討）
・広報実施（予想５，０００人クリック）
・効果検証（新サービスへの問い合わせ数で検証）

（目標件数とマーケテイング）
広報方法については書籍が１０冊以上になったので、この戦略は一段落して、そのブランドをベースに今後、FB広告に重点シフトしていく。年度途中に実施。（持続化補助金申請を検討中）
また、従来のノウハウによる顧客開発も行う。

・初年度会員目標マーケティング　目標１８会員の係数内訳
①ネット取引実績より
保有顧客リストにメールアドレスにメールＤＭを打つ。以下は、過去営業よりの経験値
リストからの吸引率　0.2%　リスト≒１７００×0.002≒３人
＊）リストとは経済産業省補助金で当事務所の何らかのツールを活用した先
②当事務所サイトを見た人から吸引する。過去よりの経験値
当事務所サイトは日に１００のプレビューがある。そこで、PV からの吸引率　0.02%
＠１００/日×１８０日（半年）×0.0002＝５人
③メルマガからの吸引率　最も支援策に関心のある先（熱心なファン）である。
（５００人の開封率実績は９０%）吸引率　１%　５００人×１%＝５人
④FB広告クリックからの吸引率
ＦＢ広告を打ちＬＰ（商品頁）に行く比率　１%、そこからの成約比率10%と見る。
5,000(閲覧予想数)×１%×10%＝５人
＊）5,000はＦＢ広告会社の試算
①＋②＋③＋④＝18人　うち２人をグレードアップ会員にランクアップさせる。
２年目以降もこの計算をベース（ランニング効果で多少の比率アップ）に初年度会員からの口コミ効果（紹介客）を狙う
④のＦＢ広告から見込めるのは５人であるが、１０年間、中小企業支援策に興味のある事業主に絞ってマーケティングして発信してきたので、ＦＢ広告を閲覧する事業主が①～③の対象先とも重なることが予想され①～③の推進の後押しとなる。

【全国商工会連合会提出用】

（様式３－１：単独１事業者による申請の場合）

補助事業計画書②【経費明細表・資金調達方法】

名　称：西河経営・労務管理事務所

Ⅱ．経費明細表【必須記入】

（単位：円）

経費区分	内容・必要理由	経費内訳 （単価×回数）	補助対象経費 （税抜・税込）
②広報費	ＦＢ広告コンサルティング費用一式 助成金サブスクリプションサービス広報のため	216,000×１回	216,000
（１）補助対象経費合計			216,000
（２）補助金交付申請額　（１）×補助率 2/3 以内（円未満切捨て）			142,000

※経費区分には、「①機械装置等費」から「⑬外注費」までの各費目を記入してください。

※補助対象経費の消費税（税抜・税込）区分については、公募要領Ｐ.59を参照のこと。

※（２）の上限は５０万円。ただし「認定市区町村による特定創業支援等事業の支援を受けた小規模事業者」の場合は、上限１００万円。

※以下に該当する場合には、□に・（チェック）を入れてください

□　「認定市区町村による特定創業支援等事業の支援」を受けた小規模事業者（申請時に「特定創業支援等事業により支援を受けたことの証明書」の添付が必須です。条件の詳細は公募要領Ｐ.44参照。）

Ⅲ．資金調達方法【必須記入】

＜補助対象経費の調達一覧＞

区分	金額（円）	資金調達先
1. 自己資金	74,000	
2. 持続化補助金（※１）	142,000	
3. 金融機関からの借入金		
4. その他		
5. 合計額（※２）	216,000	

＜「２．補助金」相当額の手当方法＞（※３）

区分	金額（円）	資金調達先
2-1. 自己資金	142,000	
2-2. 金融機関からの借入金		
2-3. その他		

※１　補助金額は、Ⅱ．経費明細表（２）補助金交付申請額と一致させること。

３．BCP 計画書（事業継続力強化計画書）

一般的には BCP とは「Business Continuity Plan」の略称で、中小企業が届出する時には、「事業継続力強化支援計画」と言います。
我が国の経済の活力の源泉である中小企業・小規模事業者の経営の強靭化を図り、事業活動の継続に資するため、災害対応力を高める必要があります。
特に近年では、災害・感染症・テロ・大事故などの不測の事態に備え、「重要な事業の中断を防ぎ、中断しても迅速に復旧すること」を目的とした計画を作ることが重視されています。
業種を問わず、企業全体での策定が求められているのです。
介護事業者については義務化される動きがあります。
ここで、問題点は、リスク対応資金として、試算しても（申請書の中に欄あり）ただちに金融機関がその資金を貸してくれるということがないという問題です。
これは、金融機関の貸し出しの定義としてリスク予防として資金をホールドしておくというものはないのです。
リスクの多い時代には見直すべき問題です。

個人・法人ほぼ内容は同じなので、新しい法人の方を掲載します。

３は会社の概要を書くことろから始まり、106P の一番下の自然災害の想定が重要です。
行政のハザードマップで調べます。
地震の想定災害度が思っていたより深刻であることが分かります。その自然災害の際に自社のハード・ソフト類がどうなるか緊急時に経営的にいかに対応していくかを予想して対策を打つところが重要です。
資金計画が要るなら（３）事業継続力強化計画設備等の種類に書いておきます。その他関連法規の届け出状況、下請け法などもこの際にチェックされるようです。

2023 年 5 月作成

様式第２０

事業継続力強化計画に係る認定申請書

令和５年５月　　日

近畿経済産業局長　殿

住　所　京都府乙訓郡大山崎町
円明寺北浦 2-6, 1-403
名 称 及 び代表者の氏名
株式会社西河マネジメントセンター
代表取締役　西河　豊
印

中小企業等経営強化法第 50 条第１項の規定に基づき、別紙の計画について認定を受けたいので申請します。

（備考）
１　記名押印については、氏名を自署する場合、押印を省略することができる。
２　用紙の大きさは、日本産業規格Ａ４とする。

（別紙）
事業継続力強化計画

1　名称等

事業者の氏名又は名称　株式会社　西河マネジメントセンター
代表者の役職名及び氏名　代表取締役　西河　豊
資本金又は出資の額　100万円　　常時使用する従業員の数　0人
業種　コンサルティング業
法人番号　6130001071732　　設立年月日　２０２２年5月2日

2　事業継続力強化の目標

自社の事業活動の概要	・代表者の中小企業診断士と法人の認定支援機関、及びM&A支援機関の資格を生かした業務を柱として、中小企業支援策の企業での活用を事業としており、現在は一般的顧問業務は行っていない。 ・対象は、中小企業を主としており小規模事業所も多い。業種は問わず。ネット活用により企業の所在問わず。 ・業務内容は中小企業支援策（補助金の申請サポート）が売り上げの90%程度である。 ・支援策の情報提供サポートも有料無料問わず業務の一環としている。 ・顧客開発方法は、私の地元大山崎町の小規模事業所での訪問顧客と、ネットでの吸引やテレ営業でアプローチする全国商圏の顧客に大別される。 代表者が、マンパワーでこなす業務は、その際に補助金を処理実践して、メリットやリスクをリサーチしている。
事業継続力強化に取り組む目的	下記３点を目的に、事業継続力強化に取り組む。 1. 自然災害発生時において、人命を最優先として、ネットワーク先（業務の委託外注先）の安全と生活を守る。 2. 地域社会の安全に貢献する。 3. 当事務所の提供するサービスを災害緊急時にも途切れさせないようにして社会に貢献する。
事業活動に影響を与える自然災害等の想定	当事務所拠点は京都府乙訓郡大山崎町にあるマンションの ４Ｆで造成時に山の斜面を削り取って建設したため ・海抜高度があるので水災の危険性はなし ・地震は南海トラフ時予測　6弱　有馬高槻断層時も６弱予想である。海抜高度があるので津波被害の心配なし ・土砂災害は近辺には天王山の土砂も想定区域もあるが所在地は被害予測は出ていない。 （上記は大山崎町役場作成　ハザードマップ資料より） ここでは省略する。

自然災害等の発生が 事業活動に与える影響	想定する自然災害のうち、事業活動に与える影響が最も大きいものは震度６弱の地震であり、その被害想定は下記の通り。 （人員に関する影響） 営業時間中に被災した場合、設備の落下、避難中の転倒などによる、けがが想定される。夜間に発災した場合、翌営業日の業務開始が困難となる。 （建物・設備に関する影響） 事業所の建物は、新耐震基準を満たしているため、揺れによる建物自体への直接被害は考えにくい。また、４階（最上階）に所在するために津波、水害時にも強い。 停電が発生すれば、業務は、一時的に停止。また、揺れにより生産機器が損傷するほか、配管や配線類が断裂する。 インフラについては、電力・水道は１週間程度、ガスは２週間程度、供給が停止するほか、公共交通機関は、復旧は読みにくく機能不全となる恐れがある。 これら被害が事業活動に与える影響として、生産ラインの全部又は一部の停止などが想定される。 在庫として代表者の著作物（書籍）がある。 （資金繰りに関する影響） 資金繰りについては、設備の稼働停止や営業停止によって営業収入が得られないことで、運転資金がひっ迫するおそれ。建物・設備に被害が生ずる場合にあっては、これらの復旧費用が必要となる。また、一部のお客様より保証金を預かっており当事務所の信用不安が起こった場合に困難になる恐れがある。 （情報に関する影響） オフィス内にサーバーはなく、データはクラウドシステムと個人持ちUSBであり、直接的な被害は想定しにくい。しかし、業務の連絡系統も電子機器に依存しているので、復旧作業の遅れ、事業再開時において、業務ルーテインが困難となることも想定される。USB保存は顧客名簿、資金繰り情報などに限定している。随時別USBにバックアップしている。 （その他の影響） 経常的に業務をしてもらっている取引先との連絡に支障をきたす恐れがある。当事務所でいえば、キャリアコンサルタント、研修講師などと提携している。

3　事業継続力強化の内容

（1）自然災害等が発生した場合における対応手順

項目		初動対応の内容	発災後の対応時期	事前対策の内容
1	人命の安全確保	従業員の避難	発生直後	避難経路の確認 避難所までの経路確認
		従業員の安否確認	発生直後	緊急連絡網の活用による安否確認（現在は0人）
		生産設備の緊急停止	発生直後	設備破損状況の把握と停止
2	非常時の緊急時体制の構築	代表者をリーダーとした緊急連絡網の稼働	発生後1時間以内	緊急連絡網での業務体制の確認、伝達
3	被害状況の把握 被害情報の共有	代表者西河が被害状況の把握をする。 被害状況を簡潔にまとめて、事業提携先、地元商工会に報告する。	発生後6時間以内	顧客情報を中心として重要な情報がどこに格納されているかの確認の準備をしておく。 災害時はいつ、どこで、何が因で、何が被害にあったかの害の程度は簡潔にまとめる 代表者が提携先、地域所属の商工会に連絡する。
4	その他の取組			代表者の身体的健康の障害時にも上記と同じ対応を行う。 （緊急連絡網での業務体制の確認、伝達、家族より）

（2）事業継続力強化に資する対策及び取組

A	自然災害等が発生した場合における人員体制の整備	＜現在の取り組み＞ 緊急連絡網を整備している。 ＜今後の取り組み＞ ・緊急時の避難場所などについて確認している。 ・外注先や士業での提携事務所に緊急時の相互応援依頼を行うことを進めていく。
B	事業継続力強化に資する設備、機器及び装置の導入	＜現在の取り組み＞ 前述の通り、拠点は災害に合いにくいロケーションにある。また、サーバー方式をとっていないため新たな設備の導入は考えにくい。 地震の際、PC類、在庫の書籍に害が及ばないような事務レイアウトつくりを励

		地震の際、PC類に害が及ばないような事務レイアウトつくりをする。上から落ちて来ないレイアウト作り。
C	事業活動を継続するための資金の調達手段の確保	＜現在の取り組み＞ 事務所としては、災害時・緊急事態時のリスクも考え、余裕資金を持つように京都信用金庫長岡支店に借り入れ交渉中である。 ＜今後の取り組み＞ リスク対応資金が確定しにくいため緊急時借入れの方法の研究し、活用準備しておく。
D	事業活動を継続するための重要情報の保護	＜現在の取り組み＞ クラウド保存とバックアップとしてのUSBデータに加えて重要情報は紙ベースで打ち上げる。 ＜今後の取り組み＞ 紙ベースで打ち上げる情報の定義つくりを急ぐ。

（3）事業継続力強化設備等の種類

	（2）の項目	取得年月	設備等の名称／型式	所在地
1			なし	
2				
3				

	設備等の種類	単価（千円）	数量	金額（千円）
1		なし		
2				
3				

確認項目	チェック欄
上記設備は、建築基準法（昭和二十五年法律第二百一号）及び消防法（昭和二十三年法律第百八十六号）上設置が義務づけられた設備ではありません。	

（4）事業継続力強化の実施に協力する者の名称及び住所並びにその代表者の氏名並びにその協力の内容

名称	
住所	

4　実施時期

令和５年４月～　令和８年３月

5　事業継続力強化を実施するために必要な資金の額及びその調達方法

実施事項	使途・用途	資金調達方法	金額（千円）
	なし		

6　その他

（1）関係法令の遵守（必須）

確認項目	チェック欄
事業継続力強化の実施にあたり、私的独占の禁止及び公正取引の確保に関する法律（昭和二十二年法律第五十四号）、下請代金支払遅延等防止法（昭和三十一年法律第百二十号）、下請中小企業振興法（昭和四十五年法律第百四十五号）その他関係法令に抵触する内容は含みません。	

（2）その他事業継続力強化に資する取組（任意）

確認項目	チェック欄
レジリエンス認証制度（※１）に基づく認証を取得しています。	
ISO 22301 認証（※２）を取得しています。	
中小企業BCP 策定運用指針に基づきBCP を策定しています。	

（※１）国土強靭化に貢献する団体を認証する制度

気付き

初級：ハード類の保護レイアウトでは、PC サーバーなどより上には、重い、ものを置かないなどの配慮が必要です。

この視点が抜けていて、地震で損害を受けても、悪いのは貴方であって、地震ではありません。（発生する可能性のある国では考えておくのが当然）（107P 参照）

上級：損害が起こった場合をシミュレーションして復旧必要資金に換算しておくことが重用です。

４．経営力向上計画

　ここで初めて、経済産業省の書式にも労働生産性という定義が出ました。それは、付加価値を労働者で割り算する数値です。
公式は
労働生産性＝付加価値額÷従業員数（あるいは労働時間）
付加価値額＝営業利益＋人件費＋減価償却費＋賃借料＋租税公課
であり、1 年間 0.5％以上伸びていれば、可とされました。（これは、計画の最終年度に帳尻を合わせれば OK です）。

この指標が厚生労働省の助成金が約 1.2 倍プレミアになったのですが、適応受けるのは難しく、企業での数値の制御も効きにくいので、廃止になった経緯があります。例えば、退職金は、人件費に入るのですが、統制不能な要素も強く、計算期間期初に退職者が出ると数値の上昇は苦しくなり、期末に出ると有利になります。

大きな問題は従業員を増やすと、訓練に時間をかけないと生産性向上に寄与しないので数値は落ちるということです。
これに気づくと事業主は規模拡大を目指さなくなります。
実際、社員数は 10 人前後が多く、50 人以上は様々な人事コストが増えますので企業数としては希少になってきています。

もう一点、経営力向上計画で特徴的なことは戦略の柱としてなすべき施策は自分で考えるのではなく、それぞれの業種指針の中から選ぶ形なのです。
そこには「人材育成」「情報化（情報の活用）」と当たり前のことが書かれています。

もうひとつ興味深いのはこの経営力向上計画書から財務の現在数値と目標値がローカルベンチマーキングとリンクされたことです。
当時私は、これをもって、国は多くの事業所に登録させて、金融機関データベースとのリンクを図り景気判断やアドバイスに結びつけたいのではと解説してきました。
その意図はあったと思いますが、進んではいません。
このローカルベンチマーキング評価点がすなわち現在の金融機関の評価とイコールなので、重要な指標です。
私はいまこの部分だけは、将来の予想数値を入れて、評価点をシミュレーションしています。
書式ではエクセルで財務数値を入れると評点が出るように組んであります。同業種内での評点ですので、参考になります。

2023 年 5 月作成

経営力向上計画に係る認定申請書

2023 年　5 月　1 日

近畿経済産業局長　殿

住所　京都府乙訓郡大山崎町円明寺北浦2-6,1-403
名称及び　株式会社西河マネジメントセンター
代表者の氏名　代表取締役　西河　豊

中小企業等経営強化法第17条第1項の規定に基づき、別紙の計画について認定を受けたいので申請します。

（別紙）

経営力向上計画

1 名称等

フリガナ	カブシキカイシャニシカワマネジメントセンター	
事業者の氏名又は名称	株式会社西河マネジメントセンター	
代表者名（事業者が法人の場合）	代表取締役　西河　豊	
資本金又は出資の額	1,000	（千円）
常時使用する従業員の数	0	（人）
法人番号	6130001671732	設立年月日　2022年　5月　2日

2 事業分野と事業分野別指針名

事業分野　（72 専門サービス業【他に分類されないもの】［7281 経営コンサルタント業］　）

事業分野別指針　（ 基本方針　）

3 実施時期

2023年　4月　～　2026年　3月

4 現状認識

①	自社の事業概要	2022年5月に中小企業診断士・社会保険労務士の西河豊が中小企業診断士（コンサルティング）部門を業務分離して、設立した。（社労士部門は特別法により個人事業しか出来ないので、個人事業も存続）2022年に法人として、経営革新支援認定機関を取得した。（M＆A支援認定機関も取得）通常訪問業務に加えて、ネット活用によるリモートでの助言をしている。
②	自社の商品・サービスが対象とする顧客・市場の動向、競合の動向	導入部　ネットツールで1W2回経営コラム発信、同じく経営メルマガ発信、月1回以上NEWS形式で経営動画掲載（ここまで無料）関連図書も10冊以上発刊している。他社も同様のサービスを行っているが、情報発信については自分の意見を大切にしており以上で一定の評価を得ている。また、経営意識の高い層にマーケットを限定している。月額会員制でノウハウを提供しているので自社申請可能、他社にも同様成功報酬スタイルのサービスがあるが、個人事業の社会保険労務士部門の助成金申請サービスとのワンストッピング性がある。
③	自社の経営状況	（下記参照）

ローカルベンチマーク指標（現状値）

指標	算出結果	評点
①売上高増加率	#DIV/0!	DIV/
②営業利益率	4.3％	4
③労働生産性	1,090(千円)	3
④EBITDA有利子負1	−2.5(倍)	5
⑤営業運転資本回転	0.4(ヶ月)	3
⑥自己資本比率	40.7％	3

ローカルベンチマーク指標（計画終了時目標値）

指標	算出結果	評点
①売上増加率	14.3％	3
②営業利益率	6.3％	4
③労働生産性	2,000(千円)	4
④EBITDA有利子負1	−1.7(倍)	5
⑤営業運転資本回転	0.6(ヶ月)	3
⑥自己資本比率	85.2％	5

売上は25百万（個人確定申告14百万）で、合算して2021年とほぼ同額となった。

・2021年は事業再構築補助金の申請最盛期で、成功報酬が1千万ほど入ったこと
・2022年、4～5月は法人開設準備で時間を要したこと。
・法人は実質、11カ月であったこと。
よりまずまずの決算と自己評価している。

5 経営力向上の目標及び経営力向上による経営の向上の程度を示す指標

指標の種類	A 現状（数値）	計画終了時の目標（数値	伸び率（(B－A)／A)(%)
労働生産性	2,523（千円／人	3,850（千円／人	52.6％

6 経営力向上の内容

(1)現に有する経営資源を利用する取組

(2)他の事業者から取得した又は提供された経営資源を利用する取組

有
無

(3)具体的な実施事項

	事業分野別指針の該当箇所	事業承継等の種類	実施事項（具体的な取組を記載）	新事業活動への該非(該当する場合は○)
ア	事業活動に有用な知識又は技能を有する人材の育成		年間での研修費を50万くらい予算化して、提供サービスの品質向上を図っていく。今年はM＆A知識研鑽を予定している。	該非　○ 理由　役務の新たな提供の方式
イ	財務内容の分析の結果の活用		運転資金借り入れ予定なので、財務評点が落ちないように、常に新サービスの予約数確保と売上高、利益率の上昇をチェックしていく。	該非　○ 理由　役務の新たな提供の方式
ウ	商品又は役務の需要の動向に関する情報の活用		週2回、補助金・助成金に関するコラム発信・動画月1回配信を継続的に行っており アクセス(再生)回数、商品頁への誘導率、そこからの問い合わせ件数の強化を図る。	該非　○ 理由　役務の新たな提供の方式
エ	経営能率の向上のための情報システムの構築		今まで、サイト複数・ブログ・FBなど多くのサイト運営をしてきたが、効果性としては薄いのが実感なので、今回新サービスの売り出しにベクトルを合わせて、戦略的に統合していく。	該非　○ 理由　役務の新たな提供の方式
オ				該非 理由
カ				該非 理由

7 経営力向上を実施するために必要な資金の額及びその調達方法

実施事項	使途・用途	資金調達方法	金額(千円)
ア	専門書籍等購入資金	自己資金	200

8 経営力向上設備等の種類

	実施	取得年月	利用想定支援	設備等の名称／型式	所在地	設備等の種類	単価(千円)	数量	金額(千円)	証明書等文書番号
1										
2										
3										

9 特定許認可等に基づく被承継等中小企業者等の地位

なし

11 事業承継等により譲受け又は取得する不動産の内容

【土地】

	番号	所在地番	地目	面積（㎡）	事業承継等の種類	事業又は資産の譲受け元名
1						
2						
3						

【家屋】

	番号	所在家屋番号	種類構造	床面積（㎡）	事業承継等の種類	事業又は資産の譲受け元名
1						
2						
3						

7 （2）純資産の額が零を超えること

純資産の合計額	証明書類

（3）EBITDA有利子負債倍率が10倍以内であること

EBITDA有利子負債倍率	証明書類

10 事業承継等事前調査に関する事項

事業承継等事前調査の種類	実施主体	実施内容

次頁は提出部分ではありません。労働生産性の算出表です。

現状と目標数値を入れれば、労働生産性指標とベンチマーキング評点が自動的に算出され申請書（113P）に反映されます。

評点の仕組みは業種内での以下の事業所数でのウエイト評価です。

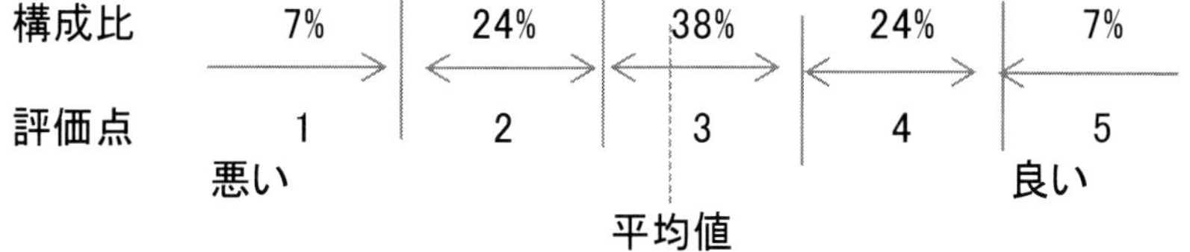

（中小企業庁のサイトより著者が作図）

■基本入力情報

項目	入力欄	
商号	株式会社西河マネジメントセンター	
所在地	京都府乙訓郡大山崎町円明寺北浦2-6,1-403	
従業員数(現状/計画終了時)	1人	1.25人
業種(大区分)	10_サービス業	
業種(小区分)	1006_その他のサービス業	

■財務分析用入力情報

項目	現状値（直近決算値）	目標値（計画終了時）（計画終了直前決算）
決算年月	2023年３月期	2026年３月期
売上高	25,641	40,000
前期売上高	0	35,000
資本金	1,000	1,000
営業利益	1,090	2,500
借入金	0	2,500
現金･預金	3,130	7,000
減価償却費	184	200
純資産合計	1,921	17,300
負債合計	2,802	3,000
売掛金	0	0
受取手形	0	0
棚卸資産	868	2,000
買掛金	0	0
支払手形	0	0

※金額の単位は千円　　※０の場合は０を入力してください。

こちらのシートも入力してください。

経営力向上の目標及び経営力向上による経営の向上の程度を示す指標の算定根拠

計画始期直近決算期※5	2023	年３月期

			計画開始直近決算※3,※4↓	1年計画終了時点直前決算目標（予想）↓	2年計画終了時点直前決算目標（予想）↓	3年計画終了時点直前決算目標（予想）↓
		（単位：千円）	0	1	2	3
指標基礎データ		年度	2023年３月期	2024年３月期	2025年３月期	2026年３月期
	売上高		25,641	30,000	35,000	40,000
	売上原価	（人件費･減価償却以外）	363	300	300	300
		（人件費）	0	0	0	0
		（減価償却費）	0	0	0	0
	売上総利益		25,278	29,700	34,700	39,700
	販管費	（人件費･減価償却以外）	22,755	25,000	28,000	32,000
		（人件費）	1,249	2,500	2,500	5,000
		（減価償却費）	184	200	200	200
	営業利益		1,090	2,000	4,000	2,500
	営業外費用※2	（支払利息、新株発行費等）	▲5	100	100	100
	経常利益※2		1,095	1,900	3,900	2,400
	人件費＋減価償却費		1,433	2,700	2,700	5,200
	従業員数または年間総労働時間		1	1	1	2
	労働生産性		2,523	4,700	6,700	3,850
	売上高経常利益率		4.27%	6.33%	11.14%	6.00%
	付加価値額＝営業利益＋人件費＋減価償却費		2,523	4,700	6,700	7,700

５．許認可申請書（M&A 支援機関・IT 支援事業者）

許認可申請では、相手側が何を求めているのかを考える必要があります。
私の取得した M&A 支援機関・IT 支援事業者の場合、前者はコンプライアンス遵守情報、後者は販売可能 IT ソフトの整備状況です。
コンプライアンス遵守状況というのは測りにくく、（何らかの反社チェックはしているかもしれませんが）基本的に認定を出した後の誓約書提出とサイトでのコンプライアンス宣言の掲載義務なります。
そこを抑えれば後は提出書類を揃えるだけです。

①M&A 支援機関登録

法人を作り、M&A 支援機関もすぐに登録しました。これは簡単にできるので、今では問題になっています。
M&A 事業者のガイドラインをサイトに載せることが必須になります。報酬表もつけます。

これは、サイトを見てください。
http://nishi.my.homepage.ne.jp/

M&A 支援機関届け出事項

事業概要
会社名　　株式会社西河マネジメントセンター
設立　　2022 年 5 月 8 日
住所　　京都府乙訓郡大山崎町字円明寺小字北浦２番地６、１－４０３

資本金　1,000,000円
代表取締役　　西河　豊

取引銀行　＊＊＊＊金庫・＊＊＊＊銀行
事業　診断業務
　　　社会保険労務士業務
　　　補助金・助成金申請などのアシスト
　　　出版業務
　　　経営ソフトの販売

M＆A事業
　　　事前準備
　　　業界・企業分析
　　　M&A仲介会社への相談
　　　アドバイザリー契約の締結
　　　売買先企業の絞り込み
　　　秘密保持契約の締結
　　　トップ面談
　　　基本合意書の締結
　　　デューデリジェンスの実施
　　　最終契約の締結
　　　クロージング

資格　中小企業診断士・社会保険労務士(代表取締役個人資格)
　　　経営革新支援認定機関（法人資格）

組織と連絡先　西河豊(075-　　　　090-　　　)—担当者＊＊＊＊

（単位　円）

	項目		価格	支払時期
①	着手金	案件の規模により 工数計算した上で	300，000～ 1,000,000	調査開始時
②	成功報酬 （右のレーマン方式） 10億以下想定	基準価格が１億以下 基準価格が１億超～５億以下 基準価格が５億超	6% 5% 4%	成立後1月後

②成功報酬では、既に払った①着手金は差し引く
不成立に終わった場合、最低経費として②着手金は返還しない
月額課金（リテイナフイー）・中間金はなし
基準価格は株式譲渡対価
別途　（単位　円）

①	企業価値算定	300,000～1,000,000	内容を見て、人工計算して決定
②	デュー・ディリジェンス（ビジネス）	300,000～1,000,000	内容を見て、人工計算して決定
③	デュー・ディリジェンス（財務）	300,000～1,000,000	内容を見て、人工計算して決定
④	デュー・ディリジェンス（法務）	300,000～1,000,000	内容を見て、人工計算して決定

②IT 導入支援事業者

現在最も売り上げを稼いでいる IT 補助金を使う際のソフト販売の事業者免許です。審査があります。
登録形態は「法人（単独）」と「コンソーシアム」の 2 種類あります。IT ツールの提案から導入、アフターサービスまでのすべてを担い、支払も受ける場合は「法人（単独）」にて登録できます。
以下の所管の解説を読むとコンサルタント会社の場合、法人でなくては実際には無理の様です。

上記の一連の流れが以下のように 1 社で完結しない場合は「コンソーシアム」にて登録する必要があります。
・料金収納代行事業者
・会計ソフトは A 社、販売管理ソフトは B 社など）複数選択のケース
・ソフトウェアとハードウェアの購入先（要するに仕入れて売る形でもよい。）

必要記載事項
・登録に伴う要件確認
・基本情報、企業実績、財務状況
・自社製品・サービス情報
・ハードウェア製品の販売の有無（デジタル化基盤導入類型のみ）
・サポート体制
・情報セキュリティ対応状況
・宣誓事項

添付書類
（法人の場合）
・履歴事項全部証明書写し（発行から３か月以内のもの）
・税務署の発行する法人税の直近の納税証明書

６．借入申請書

　2022 年に設立した法人でも 500 万借りました。個人・法人両方というのはレアケースなので苦労しました。
しかし、この頃には既に見せる技術を習得していたのでなんとかなりました。
コンサルタントで借り入れもしていないのに借入指導をしている人がいますが、それを実践してみないと経営者の気持ちは分かりません。
しかし、いいことばかりでなく、借入してしまうとなかなかそれを償還できないという中小企業の悲哀を味わうことになります。しかし、その気持ちは事業を頑張るエネルギーにはなるということです。
これから事業する人はこの借入するということをじっくり考えてください。ここを怖がっているばかりの人の事業は一般的には広がりません。
近年は思わぬリスクへの対応資金のホールドも必要です。
借入れの本来の主旨は資金レバレッジを利かすことです。

申請書に、定型フオームはありません。借入れをしているので、現物の申請書もありますが、言葉で解説します。

ビジネスプランを書く部分はありません。

これは、政策金融公庫、保証協会付き融資などの政府系も同じです。
借入申請の場合は、その内容部分は担当者がヒアリングして書く建付けになっているのです。

それが銀行稟議です。

顧客に書かせると自社サイドの良いことばかり書くという事情もあるのでしょう。

銀行借り入れの時に出す情報で、補助金申請などにはない項目を説明します。

必要記載事項
・同居家族
・住んでいる不動産が所有か賃貸か
・上位取引先（仕入れ先を含めて）これで信用度をこれで測ります。
・ビジネスプランはないと言いましたが、現状の売り上げと見通しという欄があるケースはあります。
これはコロナ融資の際には、「実績が悪い方が貸しやすい」という逆転現象がありました。
・銀行取引明細書
銀行取引明細書というのを作らねばならず、これは、要するに他で既にどれだけ借りているかです。この情報の意味は分かるでしょう。これは借入時には重要な資料です。

添付資料としては
・登記簿
・印鑑証明の他
・納税で延滞していない証明
が要ります。
いずれにしてもその金融機関の担当者に常に情報提供して分かって貰っておくことが重要です。

７．経営革新計画

経営革新法の神髄は事業所の強みを生かしてそれをバージョンアップして市場に乗り出すというもので、まったく世になかった発明に近いものを出せという意味ではありません。
過去に、創造法というそれに近いものがあって、特許とともに申請するというのが普通でしたが、マーケットで売れませんでした。
そこで、経営革新法の新規性の定義は「県で初めて、あるいは業種で初めて」とされています。
しかも、やり方としての新規性でも良いのです。
この考えは事業再構築補助金まで引き継がれていますが、新規性の捉え方で勘違いしている事業主は多くいます。
繰り返します。発明ではないのです。
もう一つエポックメイキングな出来事は初めて付加価値額という指標が登場したことです。公式は以下に説明していますが、人件費と減価償却費を足し戻して、リストラでは申請が出せない形にしたのです。

以下形式要件です。
・中小企業等経営強化法第２条に規定する中小企業者であること
・直近１年以上の営業実績があり、この期間に決算を行っていること（税務署に申告済みのこと）

経営革新計画の要件
（1）新事業活動に取り組む計画であること
これまで行ってきた既存事業とは異なる新事業活動に取り組む計画であること。
・新商品の開発又は生産
・新役務の開発又は提供
・商品の新たな生産又は販売の方式の導入

・役務の新たな提供の方式の導入
・技術に関する研究開発及びその成果の利用

（2）経営の相当程度の向上を達成できる計画であること
経営指標の目標伸び率を達成できる計画であること。また、その数値目標を達成可能な実現性の高い内容であること。（以下制度原文のまま）

計画期間
経営革新計画の計画期間は3年間から5年間です。
（計画期間については、新事業計画に応じて各企業で設定してください）

経営指標の目標伸び率
経営革新計画は、「経営の相当程度の向上」を図る計画であることが必要です。

「経営の相当程度の向上」とは、次の2つの指標が計画期間に応じた目標伸び率を達成することをいいます。承認には、条件①と条件②の両方を満たす必要があります。また、目標伸び率を達成可能な実現性の高い内容であることが必要です。

計画期間　　条件①「付加価値額」又は「一人当たりの付加価値額」の伸び率 条件②給与支給総額の伸び率
付加価値額＝営業利益＋人件費＋減価償却費

	条件①（付加価値）	条件②（給与総額）
3年計画	9%以上	4.5%以上
4年計画	12%以上	6%以上
5年計画	15%以上	7.5%以上

以下個人事務所時代の経営革新法申請書式ですが、
・別表１のプランの内容書くところが重点的に見られて、それ以外の別表２　行動計画、別表３　資金計画はあまり問題とはなりません。審査する人もいかようにも書けると思っているからです。
プランの新規性についてはネットで類似業者の情報をリサーチされると思ってください。
事前準備で、提出側もこのリサーチを漏らしてはいけません。
知らないところで、同じアイデアを出している人は意外といるものなのです。
別表７は認定後の公表項目ですが、研究開発系ではテーマ名さえ隠しているケースもあります。

＊経営革新法　個人　2020年２月作成

様式第９

経営革新計画に係る承認申請書

令和２年２月　　日

京都府知事　殿

住　　所　京都府乙訓郡大山崎町北浦
名称及び　2-6,1-403
代表者の氏名　西河経営・労務管理事務所
西河　豊

中小企業等経営強化法第８条第１項の規定に基づき、別紙の計画について承認を受けたいので申請します。

（別表１）

経営革新計画

申請者名・資本金・業種	実　施　体　制
申請者名：西河　豊 資 本 金： 業　　種：士業	単独
新事業活動の類型	経営革新の目標
計画の対象となる類型全てに丸印を付ける。 １．新商品の開発又は生産 ２．新役務の開発又は提供 ３．商品の新たな生産又は販売の方式の導入 ［4］ 役務の新たな提供の方式の導入その他の新たな事業活動	経営革新計画のテーマ：<u>助成金活用のサブスクリプションサービスの確立</u> 経済産業省の補助金でもっともメジャーな補助金のものづくり補助金を例にとると一回の公募で約７万社、採択で２～３万社である。 これに対して、（個人法人問わず）中小企業は全国で、約３５０万社、製造業で約５０万社ある。 当事務所は通期で業務があり、全業種に適用可能な助成金に絞り、申請で漏れている比率に対して、かゆい所に手が届く助成金のサブスクリプションボード（サイト）を確立する。 中小企業支援策の情報不足により脱落している先に１社でも多く今回のシステムをＦＢ広告などにより広報をする。

経営革新の内容及び既存事業との相違点

（業界事情）

経済産業省補助金は主に製造業の設備投資が中心であるのに対して、厚生労働省助成金は雇用にまつわる用途であるためマーケットは全産業の３５０万社に広がる。

多くの中小企業は、（補助金・助成金などの）無料セミナーを聞き に行くが、申請書や申請業務の煩雑さを知り実際の申請を見送る。

助成金申請する申請する事業主のタイプは

・所管に聞きながら何とか自分で作成する事業所

・専門家に委託する事業所

に大別される。（その構成比は調査データがないので分からない）

専門家委託の場合は

補助金申請での報酬比較　申請料金１０万前後　成功報酬１０%が一般的

助成金申請での報酬比較　成功報酬２０～３０%（平均受給額５０万程度）が一般的

が相場であるが経費補助の場合はその時点で事業所側はキャッシュフローが悪になるので払いの時点でトラブルにつながりやすい現状にある。

（当事務所新サービス）

そこで、当事務所の計画する新サービス体系は当事務所が、閲覧無料のサイトに加えて、月額会員制の有料サイトを構築する。

コースは２種類で

ベーシックコース

・メジャーな助成金の申請ノウハウを申請書記入モデルとともにネット掲示する。

・その助成金が、どのようなＴＰＯで、合うのか、また助成金活用度合いを評価して掲示する。

・その助成金の取り組みのメリット・デメリットを掲載する。

2

・ＣＨＡＴＷＯＲＫでの質問は何度でも納得いくまで可能する。
グレードアップコース（上記基本サービスに加えて）
・クライアントが申請書作成後、当事務所で添削する

・新サービスのユーザーの利点
・クライアントが年間に何種類の助成金申請をしても月額定額料金であることよりサブスクリプションサービスと称した。
いずれのコースも、年間で助成金１本獲得できればクライアント側がペイするような会費設定している。

・料金
助成金の情報サイト　有料会員サイトで
・ベーシックコース　９，８００円／月（消費税別）お試し期間１カ月
・グレードアップコース　１９，８００円／（消費税別）
＊ベーシックコースからのシフトを想定しているのでお試し期間はなし

・配慮する点
　基本サービスの助成金紹介については、地元大山崎町に絞って懇意にしている事業所に、訪問型コンサルも行っており、自ら先に試し、所管窓口の審査も受けるので実感としてのリスクやメリットの分かっているもの、活用度合いの高いものものから掲載する。

（サブスクリプションサービスと称した理由）
近年の流通の用語としてサブスクリプションサービスというのがあり、ユーザー志向に合うものとして広がりつつある。これは、商品・サービスの対価を都度払うものではなく、契約期間その購入・利用の権利を買うものである。これには、ユーザー側の活用の自由幅が大きいほどよいとされ、当事務所のプランである、「月額会員制で、利用の権利を買い、何回活用しても定額料金」というシステムがまさにこれに当てはまるものとして「助成金活用のサブスクリプションサービス」と称する。

（一般的業界慣行との相違点）
一般的業界慣行
導入部
セミナーは後のコンサルの成功報酬を目的としているので無料が多い。
また、行政の相談機関が中小企業への啓もう普及を目的として無料開催しているケースが多い。
申請時のコンサル
補助金申請での報酬比較　申請料金１０万前後　成功報酬１０％が一般的
助成金申請での報酬比較　申請代行して成功報酬２０～３０％（平均受給額５０万程度）が一般的

当事務所のシステム
導入部　ネットツールで1W２回経営コラム発信、同じく経営メルマガ発信
　　　　月１回以上ＮＥＷＳ形式で経営動画掲載（ここまで無料）
申請時のコンサル
　　　　9,800円の月額会員制で助成金専門サイトで有料情報を発信して、クライアントにはＣＨＡＴＷＯＲＫでのアドバイスで申請ノウハウを習得して自社申請して貰う。

（新サービスの競合状況）
このような月額会員制度でネット情報ボードで助成金申請のアドバイスを複数件数受けられるサービスはない。
専門家のサイトは厚生労働省の助成金情報をそのまま載せているだけで、後は、その先生との直接

契約になる。
ネットによる申請サポートについては2019年に経済産業省でＪグランツが始まった。
厚生労働省では、今のところそのようなシステムはない。助成金種類が多いので、不可能だと思われる。また、行政主催サイトは、その性格上、メリット・デメリットの公開、その制度の使い易さなどが評価できない。
当事務所では、実際に代表者が助成金申請して中小企業にとって活用可能性が高いものに絞ってサブスクボードに載せるので、これが可能となる。

（既存技術との相違点　当事務所内での比較）
現状の助成金申請のステップは、ネットでの地道な情報発信→ネットで申請受付→申請書を当事務所で代理作成→申請書感からの問い合わせ対応→クライアントが助成金獲得→受給額の３０%成功報酬受領

（顧客・当事務所へ与える影響）
・助成金知識をある程度、研究している事業所にとっては、成功報酬型のコンサルに乗るよりは、コストが削減され、何件申請しても月額固定料金のためお得感を感じることができる。
・当事務所側は、自社申請して貰うことにより、申請所管からの問い合わせ対応業務から解放され、既存業務フローは、申請後、１年間ほどの売掛サイトがあったもの資金繰りの繁閑を安定収入にシフトさせることができるので双方にメリットがある。

経営の向上の程度を示す指標		現　　状（千円）	計画終了時の目標伸び率（計画期間）（%）
1	付加価値額	5,582	24,800　　　　344.3% （２年３月～５年３月（３年計画））
2	一人当たりの付加価値額	5,582	19,840　　　　255.4%
3	経常利益	2,433	19,670　　　　708.5%

（別表２）

実施計画と実績（実績欄は申請段階では記載する必要はない。）

番　号	計　　画				実　　績		
	実　施　項　目	評価基準	評価頻度	実施時期	実施状況	効果	対策
１－１	サブスクリプションボードの基本パッケージ確立	取扱助成金種類	毎日	1-1			
１－２	ＦＢ広告による広報	実施回数	年間	1-1			
１－３	CHATWORK会話システムによる会員数強化	会員数	毎日	1-2			
１－４	助成金20種類以上の申請ランニング	取扱助成金種類	毎日	1-4			
２－１	意識のある事業主を会員としたオンラインサロン実施	実施回数	四半期	2-1			
２－２	好事例事業主の紹介	実施回数	毎月	2-2			
２－３	提携できる専門家ネットワークの強化	提携数	毎日	2-3			
２－４	YOU TUBEでの広告主とて、広告配信	実施回数	年間	2-4			
３－１	ポイント制サービスの導入（好事例をポイントで還元）	取扱件数	毎日	3-1			
３－２	専門家グループネットワークとしてのオンラインサロン	実施回数	四半期	3-2			
３－３	社会保険労務士一般顧問業務との融合（遠隔地の顧問契約締行）	会員数	毎日	3-3			
３－４	一連の業務開発事例の書籍化（専門家へのモデル性提示）	発刊書籍数	年間	3-1			

（別表３）

経営計画及び資金計画

参加中小企業者名　西河・経営労務管理事務所　　　　　　　　　　　　（単位　千円）

		２年前（H29年12月期）	１年前（H30年12月期）	直近期末（１年12月期）	１年後（２年12月期）	２年後（３年12月期）	３年後（４年12月期）	４年後（　年　月期）	５年後（　年　月期）
① 売上高		9,938	35,405	32,952	50,000	70,320	100,200		
②売上原価		239	1,134	971	3,500	4,500	5,500		
③売上総利益（①－②）		9,699	34,271	31,981	46,500	65,820	94,700		
④販売費及び一般管理費		8,406	32,149	28,701	40,000	53,000	75,000		
⑤営業利益		1,293	2,122	3,280	6,500	12,820	19,700		
⑥営業外費用		0	0	847	700	700	30		
⑦経常利益（⑤－⑥）		1,293	2,122	2,433	5,800	12,120	19,670		
⑧人件費		0	0	2,234	4,100	4,800	5,000		
⑨設備投資額		0	0	0	0	0	0		
⑩運転資金		0	0	0	500	500	500		
	普通償却額	0	17	69	100	100	100		
	特別償却額	0	0	0	0	0	0		
⑪減価償却費		0	17	69	100	100	100		
⑫付加価値額（⑤＋⑧＋⑪）		1293	2,139	5,582	10,700	17,720	24,800		
⑬従業員数		0	0	1	1	1.25	1.25		
⑭一人当たりの付加価値額（⑫÷⑬）		－	－	5,582	10,700	14,176	19,840		
⑮資金調達額（⑨＋⑩）	政府系金融機関借入	－	－	－	0	0	0		
	民間金融機関借入	－	－	－	0	0	0		
	自己資金	－	－	－	0	0	0		
	その他	－	－	－	0	0	0		
	合　計	－	－	－	0	0	0		

＊）直近実績の給与発生は６月からなので７カ月、現状人員はテレワーク、２時間が４人（８時間換算１人）計画の０．２５人増加とは、テレワークでの直接採用、1日２時間契約を示す。

（別表６）
関係機関への連絡希望について

計画が承認された場合に、当該承認を受けた計画の内容について下記関係機関に送付することを希望する場合には、当該箇所に○を記入して下さい。

承認書類の送付を希望する機関名	送付の希望の有・無
大阪中小企業投資育成株式会社	有（○）・無
京都信用保証協会	有（○）・無
公益財団法人　京都産業２１	有（○）・無
株式会社日本政策金融公庫	
京都支店　中小企業事業（旧中小企業金融公庫の事業）	有（○）・無
各　支店　国民生活事業（旧国民生活金融公庫の事業）	有（○）・無

※なお、この様式は、それぞれの支援施策を保証するものではありません。

（別表７）
中小企業経営革新事例集の作成に関するお願い

「経営革新計画」が承認された場合、記載内容を事例集等により公表してよろしいでしょうか。以下の該当する項目に○印をして下さい。

①企業名	（可（○）・否）
②代表者名	（可（○）・否）
③資本金	（可・否（○））
④従業員数	（可・否（○））
⑤所在地	（可（○）・否）
⑥電話番号	（可・否（○））
⑦経営革新計画の概要	（可（○）・否）

以下、法人の株式会社西河マネジメントセンターとしての経営革新法申請書ですが、
・各地方自治体では、補足シートを作っています。（未掲載です）。
別表３の資金計画が、会社の全体数値になっており、プランとしての目標が分かりにくいからというのが理由です。
・別表６の届け出先、別表７の公開項目については、個人申請とまったく同じですので省略しています。
個人時代の申請をいかにバージョンアップするかがポイントでしたが、それは第４章　履歴編の53Pに解説しています。

＊経営革新　法人　2023年5月作成

経営革新計画に係る承認申請書

令和５年５月９日

京都府知事　殿

住　　　所　京都府乙訓郡大山崎町北浦
名称及び　2-6，1-403
代表者の氏名　株式会社西河マネジメントセンター
代表取締役　西河　豊

中小企業等経営強化法第１４条第１項の規定に基づき、別紙の計画について承認を受けたいので申請します。

（別表１）

経営革新計画

申請者名・資本金・業種	
申請者名：株式会社西河マネジメントセンター 資 本 金：1,000,000 円	業　　種：コンサルティング業 法人番号：6130001071732

実施体制
単独

新事業活動の類型	経営革新の目標
計画の対象となる類型全てに丸印を付ける。 1．新商品の開発又は生産 2．新役務の開発又は提供 3．商品の新たな生産又は販売の方式の導入 4 役務の新たな提供の方式の導入 5．技術に関する研究開発及びその成果の利用 6．その他の新たな事業活動	経営革新計画のテーマ：創業後、３年以内で事業承継を！ 2000年にコンサルタントとして、独立して今まで個人事業主として事業を営んできたが2021年に病で倒れたことを機に法人を樹立して、コンサルタント部門のノウハウを仕組化し、中小企業施策の総合サービスをワンストップで提供することをスキーム化・仕組化することを目指した。 ３年を目途に配偶者と事業協力者に事業継承する。 総合サービスの定義は、①各種認定制度・研修②補助金・助成金情報サービス③当社クラウド活用の２種以上活用とする。そのためのコンテンツつくりと地道な広報は、かなりの発信努力をしている。

計画期間又は事業期間：令和５年４月　～　令和８年３月

研究開発期間：　　年　月　～　　年　月	事業期間：令和５年４月　～　令和８年３月

（新サービスの概要）

・新サービス「総合メニュー」の定義

項目	支援内容
経営戦略・経営品質に関すること	経営革新・経営力向上・事業継続力強化計画
資金調達に関すること	補助金（経済産業省管轄）・助成金（厚生労働省管轄） 地方補助金
経営効率化に関すること	有料情報制度・クラウド活用

*）上記総合サービスの支援内容は、当社の認定機関資格活用と重なる

・将来的にはＭ＆Ａ支援・人的資本経営・海外進出サポートをメニューとして開発する。

前記、顧客１社あたりに対して、総合メニューの内、２項目以上を支援する。
なお、当社の売上は１社あたり年間 100 万円とする。

（推進手法）

・顧客リスト（リスト約 2,700 社、A ランク約 500）から 100 社をリアルタイム※で、リストアップする。※随時、入れ替えるということ

リストアップした顧客の TPO に再適合な中小企業向け施策を、①評価、②セレクト、③プレゼンの順で支援する。

①評価

政府施策のうち、中小企業にとって使い勝手の良いものを抽出・評価する。
前述の通り、地元大山崎町の経営者にモニターする場合もある。

❷セレクト

評価で残った支援策の内、支援対象となる中小企業のTPOにマッチするものを選択する。

❸プレゼン

セレクトしたメニューを分かりやすく説明する。（資料を作る。）

なお、支援活動の最終局面（補助金の場合は交付金受領）までサポートする。

・広報・営業の切り口としては、顧客心理では、「補助金」「助成金」がもっとも響くので、発信のキーワードとするが、あくまでも顧客のＴＰＯに最も相応しいものをセレクトする。

・処理には外注や専門家ブレーンも活用するが、それぞれの施策を勉強・研究して、クライアントには、全て当社受付と感じられる流れを作る。

・最終的にセレクトしたサービスにおいて、厚生労働省マターになる場合は、社会保険労務士（以下、社労士）の法律上（独占業務）売上としては、西河の個人ビジネスになることある。　（顧客には不便を感じさせない配慮をする）。

・経営革新事業の係数としては、個人ビジネス分は実績には含めない。

・顧客のＴＰＯに合わせるのが重要であり、その結果、社労士部門の個人ビジネスのウエイトが極度に増してしまった場合が、このプランの不確実性であるが、過去の経験より割合が大きくぶれることはない。（現在の比率　経済産業省施策売上６：厚生労働省施策売上４）

（新サービスのユーザーの利点）

窓口がワンストップになり、経済産業省施策も厚生労働省施策も共に適応出来るのが強み。

なお、顧客にとっては便利だが、ある程度のセンスがある顧客にしかそれが分からない。

よって、意識の低い顧客層は値の低いサービスに行くため、クライアントへは誘導しない。

（新サービスの料金）

成功報酬は補助金採択額の20%とし、売上のメインとなる。

（計画採択時に10%、支給時に10%として、支給まで補助金事業・交付金の申請支援もする）

着手金

徴収しない方針だが、経費先出になるため資金繰り面ではつらい。※

しかし、過去の経験よりクレームにつながるケースも多く、当社だけでなく業界全体の問題点である。原則取らないが、本気度を確かめるために成功報酬額の数%※を着手金を取ることもあり得ないことではない。※例外的に相談機関紹介の場合１０%に下げることもある。

※京都信用金庫　長岡支店に３００万の融資を申請している。キャッシュフロートレンドは増しており、月内での資金繰りニーズ分のみ借り入れる。

分割払い

通常は交付金受領時に成功報酬と一括で受け取るものであるが、業務スパンが長いゆえにその段になって払えないというケースがあり得るため、やむを得ず条件変更するもの。（飲食業など）（*）

手数料収入　サービス処理料を固定価格としているもの。

・経営革新法申請　15万円　・経営力向上計画　5万円

・産業廃棄物処理業診断　8万円

・人的資本経営コンサル　月30万円（大手企業想定長期ビジョン）

・リスキリング研修　一式30万円　など

会費収入　毎月定額課金のもの

当社がクラウドシステムに投資しているものを、クライアントに貸し出している

・労働時間管理ソフト　・介護事業者の出退勤管理ソフト　（それぞれ実績１件）

有料情報会員

補助金・助成金の情報を定期的に欲しいクライアントが対象。月額１万円
当社よりは、無理に営業はしていない。（実績２件）

（将来的なサービス展開）

補助金・助成金に頼らないことを目指して、提供メニューのバリエーション拡大のために、サービスを開発していく。（人的資本経営助言・M&A 支援・海外進出戦略支援など）

（競合比較）

・本業界では、顧客に請求する成功報酬は 10%～20%ほどであり、ほぼ差がないため、クライアントにおいても最終決定要素とはならない。（新サービスの競合状況で詳述）
・コンサル会社、士業、行政の相談機関が競合（その他は個人コンサル、広げると TKC など）している。どこも単一施策のセールス傾向が強く、誰でも参入できるが成功報酬だけをあてにしていると直ぐに市場から撤退することになる。それは、補助金類の採択・不採択などは運的な要素も強く、売上（成功報酬）がその後のノウハウ蓄積につながりにくいからである。
　＊）開発に関する技術・ノウハウ・自社の強みのところで、当社の違いを詳述する。

（当事務所内での既存技術との相違点）

当社も事業再構築補助金の最盛期には単一施策セールスの傾向があったが、今後は意識的に総合サービスとする。「横にも縦にも強い」を目指す。
（横は施策の網羅力、縦はアフターフオローの能力）
事業再構築補助金であれば、それだけを単一セールスして、こなしていくことは楽であり、経験曲線の関係より収益の効率も良い。しかし、短期間で稼いでも次の展望がなく、ブームに左右されるだけであり、長期スパンで見ると次のブームが来る前に市場から消える士業の人・コンサル会社も多い。当社は、経済産業省の施策も厚生労働省の施策もワンストップでカバーできることを、最大の強みとする。
横展開を考えると、近年、経済産業省施策でも厚生労働省施策でも情報提供サービス（有料）に特化しているコンサル会社も多いが、サービス単価が安いので営業部隊での強引な展開が見受けられる。当社は、このような情報サービスのみという展開はしない。

経営の向上の程度を示す指標		現　状（千円）	計画終了時の目標伸び率（%）（事業期間終了時点）
1	付加価値額	2,562	173.6% （5年4月～8年3月（事業期間3年））
2	一人当たりの付加価値額	2,562	173.6%
3	給与支給総額	1,249	332.3%

（別表２）

実施計画と実績（実績欄は申請段階では記載する必要はない。）

番号	計画				実績		
	実施項目	評価基準	評価頻度	実施時期	実施状況	効果	対策
1	新サービス体系の明確化	取扱助成金種類	年間	1-1			
1－1	投資先サービス商品のお効果の把握	実施回数	年間	1-1			
1－2	情報提供の最適ミックス	会員数	年間	1-2			
1－3	資金繰りの安定性	取扱助成金種類	年間	1-2			
2	新サービス体系に確立より次期代表権者育成	実施回数	年間	2-1			
2－1	M&A 事業本格露出	実施回数	年間	2-2			
2－2	海外進出アシスト本格露出	実施回数	年間	2-3			
2－3	海外進出部門本格露出	実施回数	年間	2-4			
3	新サービス体系バージョンアップにより実務者育成	取扱件数	年間	3-1			
3－1	会計の引継ぎ	実施回数	年間	3-2			
3－2	顧客リストの引継ぎ	会員数	年間	3-3			
3－3	出版ブランドの引継ぎ（会社名義による出版）	発刊書籍数	年間	3-1			

（別表３）

経営計画及び資金計画

参加中小企業者名　　株式会社西河マネジメントセンター　　　　（単位　千円）

	２年前（３年３月期）	１年前（４年３月期）	直近期末（５年３月期）	１年後（６年３月期）	２年後（７年３月期）	３年後（８年３月期）					
①売上高			25,651	30,000	35,000	40,000					
②売上原価			971	200	200	200					
③売上総利益（①－②）			25,288	29,800	34,800	39,800					
④販売費及び一般管理費			24,160	27,700	30,800	36,300					
⑤営業利益			1,128	2,000	4,000	3,500					
⑥経常利益			1,133	1,970	3,970	3,470					
⑦給与支給総額			1,249	2,400	2,400	5,400					
⑧人件費			1,249	2,400	2,400	5,400					
⑨設備投資額			0	0	0	0					
⑩運転資金			0	3,000	500	500					
普通償却額			184	200	200	200					
特別償却額			0	0	0	0					
⑪減価償却費			184	200	200	200					
⑫付加価値額（⑤＋⑧＋⑪）			2,562	4,400	6,400	8,900					
⑬従業員数			1	1	1	2					
⑭一人当たりの付加価値額（⑫÷⑬）			2,562	4,400	6,400	4,450					
⑮資金調達額（⑨＋⑩） 政府系金融機関借入	－	－	－	0	0	0					
民間金融機関借入	－	－	－	3,000	0	0					
自己資金	－	－	－	0	0	0					
その他	－	－	－	0	0	0					
合　計	－	－	－	3,000	0	0					

気付き

ここでの目標が実績において初年度 1.4 億と遥か上でクリアーしています。この後で出す認定評価においてはアピールするポイントになります。

最上位のエビデンスは結局、実績です。

８．知的資産経営報告書

　経営戦略書式では、最も新しく、ここで、会社のソフトな経営資源の定義がなされました。
人的資産（Human Asset）とは従業員が退職する際に、持ち出される資産で、人に帰属するノウハウ、技術、人脈、経験などです。
組織（構造）資産（Structural Asset）とは、従業員が退職しても、会社（組織）に残る資産で企業理念、商標、データベース、仕組みなどです。
関係資産（Relational Asset）とは、企業の対外関係に付随したすべての資産で顧客、供給先、金融機関、支援者との関係などです。

物・サービスを売る業種はこれらをもって集客資産というケースもあります。この集客資産をM&A時に評価対象に入れようという動きもあります。

これらの資産の考えをベースにKPI（主成功要因）という指標の考え方が出来ました。
知的資産経営の考え方のポイントを説明します。

知的資産経営の考え方

<u>経営理念</u> ──→ <u>経営戦略</u> ──→ <u>資産</u> ──→ <u>経営数値効果</u>

人的資産
組織資産
関係資産

ここにKPIという
目標を入れてみる

経営理念→経営戦略→資産→経営数値への反映
この相関は分かるでしょう？

ここでは、全体としてのロジックの整合性がないといけません。
この資産のところにKPIという目標数値をつけて、進度を測るメルクマールにしようというのがキーポイントで、強みを強化すれば、各種の経営数値が伸びるというロジックです。

経営数値と企業の定性的な内容をクロスさせていこうという動きであることも理解できます。
ただ、残念ながらこれが根付いて企業が業績を伸ばしたという話もあまり聞きません。
当社はこのKPIに関してはクライアントのアウトバウンドでのリーチ保有数としています。（リーチとは予約のこと）
積極的にアウトバウンドでユーザーに働きかけてリーチ数を増やして一定数常に維持するということのみをKPIとして意識しています。その他の項目は、数値だけは捉えて、KPIからは外すことにしました。経営者の得意な分野だからです。

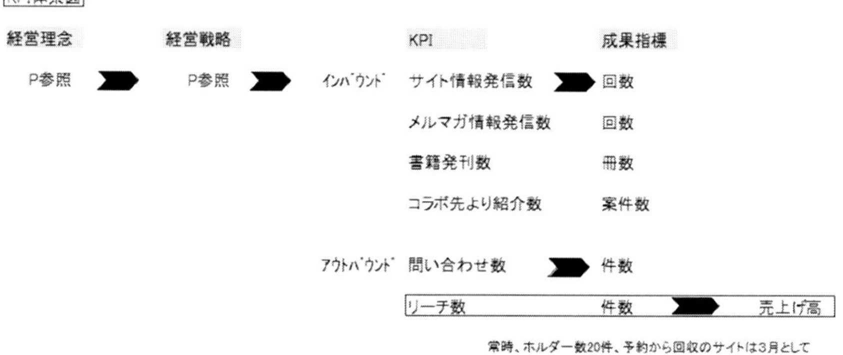

アウトバウンドは「推し」の営業
インバウンドは「引き」の営業

その他の当社の経営資産の知恵部分について解説しておきます。
売上拡大について、ある意味当然のことですが、「売上とはリスク交換との交換」です。

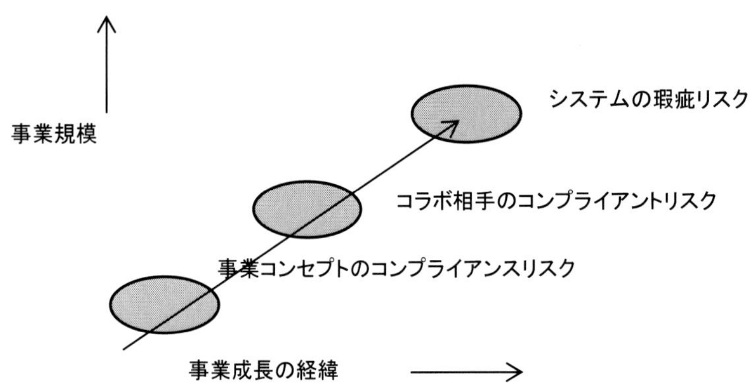

それぞれのステージでマーケットに参入する入札資格のようなものを得ないといけないことは分かるでしょう。
そのために借り入れしなければいけないケースもあります。
段階をクリアーすると売り上げ拡大の機会は向こうからやってきます。
第一段階はビジネスコンセプトのコンプライアンス、これは普通の士業の感覚持っている人ならクリアー出来るでしょう。
第二段階は事業提携を組む先のコンプライスリスクです。
またここでの教訓は、提携でこちらの根幹部分（事業のコア）部分は渡すなということです。
最後の第三段階はシステムの瑕疵リスク、最近の自動車業界の不祥事を見ているとリコールなどでいかにリスク（被害）が甚大になるかは分かるでしょう。

組織体系です。
ここでは株式会社西河マネジメントセンターを NMS と略称します。
ソフト販売（IT 支援事業者の幹事会社の免許）も出来るのでバリエーションは広がっています。

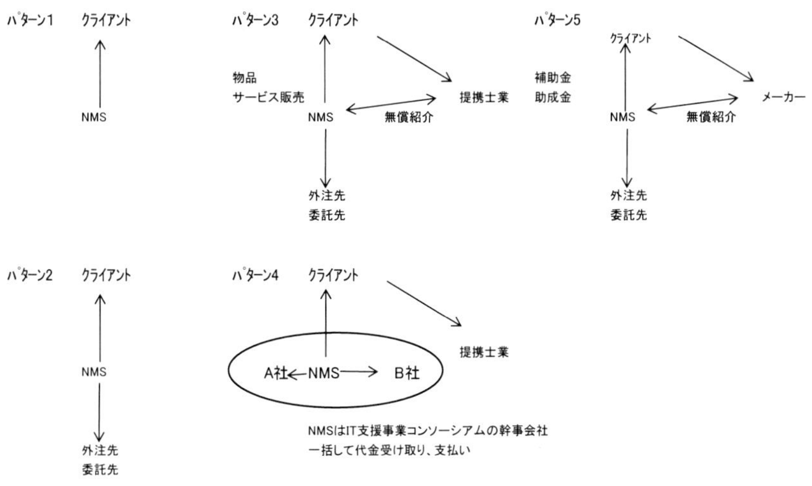

パターン３～５はスケールが効きますが、システムリスクも高いので慎重なリスク分析が必要です。

最後に強みとして、「横にも縦にも強い」という１件ごとにケースバイケースで対応していくといういたってシンプルな戦略を柱に据えています。しかし、マンパワーは私一人であり、横にも縦にも強く見える工夫を凝らしています。

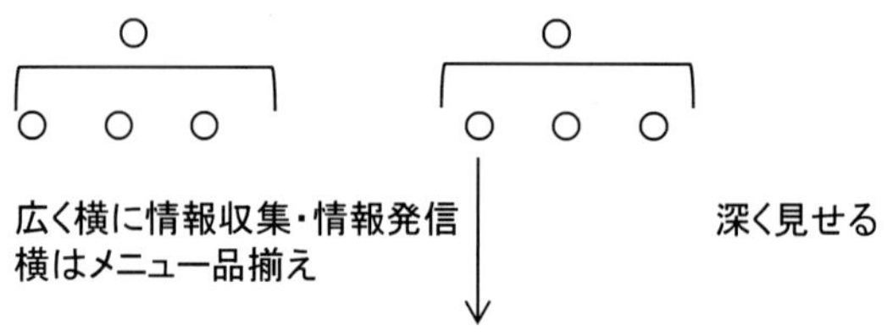

実際に完遂まで実践する

外部環境分析として、

・コンサルティング会社は固定費が大きい故、フルパッケージサービスのマニュアル販売である。

・士業事務所は、顧問になってもらえれば相談しやすいが、幅が狭い。

・行政は敷居が高く、組織が分かりにくい。

という弱点があります。

そこで、クライアントごとにワントゥワンマーケティングをして、経営に関するソフトも販売します。

機動的に動くために、

・顧問契約はしない。

・直接雇用人員は持たない。

という一般的な士業事務所とは逆転の発想で臨んでいます。

ＩＴ支援事業者免許によるソフト販売に関しては、当社は以前より、再販売の利くものの広報に焦点を置合わせてきたノウハウがあるので直ぐにこのやり方はベンチマーキングできないでしょう。

顧客側からは必要な時にニーズに応えるという形であり、まったくシンプルで、経営戦略の王道を行っているだけとも言えるでしょう。

その王道が分からなくなってしまっている程、複雑化した世の中になってきているということです。

ここからソフト販売における戦略に入っていきますが、71P に鉄則 10 として解説していますのでここでは、省略します。

以下に書式を提示しますが、
・知的資産報告書としての 1～7 のインデックスは定式ですので守ること。「７．あとがき／知恵の経営報告書とは」も定式です。
・特に「４．知恵／強み、弱み、KPI」の KPI 図が肝のところです。

2024 年 4 月作成

株式会社西河マネジメントセンター

知恵の経営報告書(知的資産経営報告書)

代表取締役　西河　豊

〒618-0091　京都府乙訓郡大山崎町円明寺北浦 2-6　1-403

令和 6 年 4 月 18 日作成

士業事務所経営の事業化エチュード

(エチュードとは試行のこと)

1．経営哲学・方針
＊戦略に「こうすればよい」という単一の解答はなく常に経験則で深化させていく。
＊経営戦略は本来、透明で自由な発想であるべきで、道徳的観念を持ち込まない。

2．経営戦略
＊顧客サービスにおいて横（情報収集）にも縦（顧客の課題解決完遂）にも強い会社を目指す。
＊常に仕組みの構築に全力を尽くす。（再現性の重視）
＊サービス業にはこだわらずに事業の一環として経営に関するソフトに常に投資して小売業態も行う。

3．事業・商品解説（現時点での戦略）

（サービスの概要　一部ソフト販売あり）

項目	支援内容
Ⅰ　経営戦略・経営品質に関すること	経営革新・経営力向上・事業継続力強化計画など
Ⅱ　資金調達に関すること	補助金（経済産業省管轄）・助成金（厚生労働省管轄）地方補助金
Ⅲ　経営効率化に関すること	有料情報制度・クラウド活用（クライアント向けクラウドを先行投資でラインナップ済）
Ⅳ　人的資本経営に関すること	社員向けリスキリング研修・人的資本経営・ハラスメント予防（一部研修ビデオなどソフト販売あり）
Ⅴ　ソフト販売に関すること	IT支援事業者としての経営ソフト販売

＊）上記総合サービスの支援内容は、当社の認定機関資格活用と重なる。
　経営革新支援認定機関・IT支援事業者・M&A支援事業者

（目標）
顧客1社あたりに対して、上記の総合メニューで支援していく。
当社の売上は1社あたり年間300万円を目指す。

（実績と目標計数）　（現段階）　（目標）→　（単位：千円）

	2023/3	直近2024/3	2025/3	2026/3	2027/3
売上高	25,651	148,922	300,000	500,000	800,000
本戦略売上高	9,500	79,894	200,000	300,000	500,000
利益額（全体）	822	2,265	8,000	10,000	15,000

（利益は税引き後）

（推進手法）
・顧客（リスト約3,000社、Aランク約500）から100社をリアルタイムで、リストアップする。上位100社は随時、入れ替えるということ。Aランクは週2回メルマガ配信
リストアップした顧客のTPOに最も適合する中小企業向け施策を、①評価、②セレクト、③プレゼン（リモート）の順で展開する。

①評価
中小企業にとって使い勝手の良いサービスを抽出・評価する。
推奨サービスは代表者西河が一度はモニター企業に試行してリスクを図る。

②セレクト
評価で残った支援策の内、支援対象となる中小企業のTPOにマッチするものを選択する。（時流も

配慮する）

③プレゼン

セレクトしたメニューを分かりやすく説明する。（パワーポイント、動画、イラスト）

企業活動の最終局面（補助金の場合は交付金受領）までサポートする。

・処理には外注や専門家ブレーンも活用するが、それぞれの施策を勉強・研究して、クライアントには、全て当社受付と感じられる流れを作る。（6P で解説）同じステージにある会社は CHAT WORK でパターン化するなど工数削減にも工夫する。

注・最終的にセレクトしたサービスにおいて、厚生労働省マターになる場合は、社会保険労務士（以下、社労士）の仕事の一部は法律上、独占業務となり、売上としては、西河経営・労務管理事務所（個人ビジネス）になるが顧客には不便を感じさせない配慮をする。（個人事務所売り上げは下図参照）

クライアントのニーズ優先でどちらかに誘導はしない。

〔現在の比率　経済産業省施策売上５（法人）：厚生労働省施策売上１（個人）〕：ソフト販売などのサービス業務４

（ここまでの業績推移） 以下 DATA の 2023 年は法人は、その年の４月から翌年３月まで

個人・法人売り上げ推移　（単位：円）

	法人設立2018年	2019年	2020年	2021年	2022年	2023年
西河経営・労務管理事務所	35,405,788	32,952,112	29,978,352	40,375,801	14,153,855	13,438,691
株式会社西河マネジメントセンター	–	–	–	–	25,651,838	148,922,902
＊）社労士１号２号業務とは届け出・申請代理などの法的業務						162,361,593

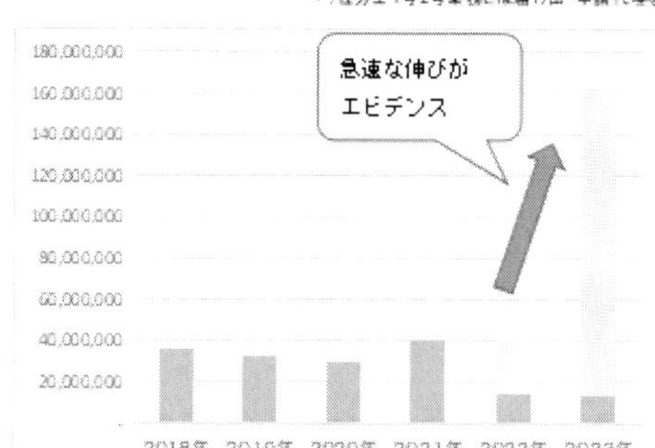

売り上げ推移（サービス種類分類）　（単位：円）

	2018年	2019年	2020年	2021年	2022年	2023年
経営革新・経営力向上・事業継続力強化計画	500,000	1,500,000	1,000,000	1,160,000	800,000	1,500,000
補助金（経済産業省管轄）・助成金（厚生労働省管轄）	31,405,788	27,452,112	24,978,352	35,615,801	28,915,693	69,000,000
有料情報制度・クラウド活用				100,000	500,000	3,500,000
人的資本経営・ハラスメント予防						
IT支援事業者としての経営ソフト販売					5,090,000	76,861,593
上記分類以外	3,500,000	4,000,000	4,000,000	3,500,000	4,500,000	15,000,000
	35,405,788	32,952,112	29,978,352	40,375,801	39,805,693	162,361,593

（ここから個人・法人合算）

（総合サービスのユーザーの利点）

窓口がワンストップになり、国の支援策については経済産業省施策も厚生労働省施策も共に対応出来るのが強み。大手コンサルに頼むより当社に頼んだ方が賢いということが分かるクライアントを誘導する。経営全般関連のソフト類も購入していただけるように育てていく。ネット発信なので、地方の優良顧客を発掘する。意識の低い顧客層は値の低いサービスに行くため、クライアントとしては誘導しない。

（サービスの料金体系）

手数料収入　　サービス料を固定価格としているもの。
・経営革新法申請　15 万円　・経営力向上計画　5 万円
・人的資本経営コンサル　月 30 万円（大手企業想定長期ビジョン）
以下ソフトと呼ぶ。
・出版本　2，000 円平均
・ノウハウのマニュアル類　10，000 円平均
・リスキリング研修　一式 30 万円　など（クライアントは助成金対応可能）
・IT ソフト　50 万～2 百万（セットで 3～5 百万）（クライアントは IT 補助金対応可能）

成功報酬
成功報酬は補助金採択額の 20%とする。
（計画採択時に 10%、支給時に 10%として、支給までの支援もする）

着手金
原則、徴収しない方針、本気度を確かめるために成功報酬額の数%を着手金を取るケースもある。

分割払い
通常は交付金受領時に成功報酬と一括で受け取るものであるが、業務スパンが長いゆえにその時になって払えないというケースがあり得るため、やむを得ず条件変更するもの。（飲食業など）

会費収入　（毎月定額課金、いわゆるストックビジネス）
当社がクラウドシステムに投資しているものを、クライアントに貸し出している。
・労働時間管理ソフト　・介護事業者の出退勤管理ソフト　（それぞれ実績 4 件）
支援策の情報提供サービスしている。
・補助金・助成金の情報を定期的に欲しいクライアントが対象。月額 1 万円

（売上 1 社 300 万以上のマーケティング戦略）
層別の戦略と顧客数想定は以下のとおり。
＊）以降出てくる用語解説
インバウンド＝「引き」のセールスのこと
アウトバウンド＝「押し」のセールスのこと

A 層

これがメインの戦略
・当事務所での取引実績リストの上位顧客へアウトバウンドセールスをする。
リスト数：　3，000 件　B２C（一般事業主）から意識の高い層を常に 100 社リストアップし Push
・メルマガ配信数：週 2 回配信　≒500　リストの中から上位 500 社の意識啓もう
Aルート　新サービスのマーケイングの柱と考える
上記は当社のファンとなり、メルマガ受信と重なり CHATWORK での積極的な会話を行う。
顧客数想定　1 年目：30 件　2 年目：40 件　3 年目：50 件（件数目標）

B 層

サブ戦略（C 層以降も同じ）
・コラボ事業者よりの案件

一関係は、業界最大手のＵ工業と提携が始まり、大いに期待できる。
導入時の支援策活用　実績は１件）
Ｂルート　期待できるが、当社は受け身であり、マーケティングでは、サイドとして考える。
顧客数想定　１年目：５件　２年目：５件　３年目：５件（件数目標）

C層

・営業外注よりの紹介案件
……より月50件以上（中堅規模以上）の会社を、リード（予約）状態で紹介いただいている。
Ｃルート　相手先が規模の大きい会社なので、当社が法人としての信用をさらに上げていかないと受注は困難であり、今回マーケティングでは、サイドとして考える。（実績は上場企業数社音楽関係１社など）
顧客数想定　１年目：20件　２年目：20件　３年目：20件（件数目標）

D層

・情報発信によりクライアントからインバウンドでオファアーが入るケース
当社は、その主旨に基づくコンテンツを継続的に発信しているので、今後も比例的に増えると推察される。
Ｄルート　様々な宣伝効果が効き一定の比率で増えると想定する。
顧客数想定　１年目：６件　２年目：８件　３年目：10件（件数目標）
@350万で考えると売り上げは（@300万を目標とすると実際は幾分超過した金額になるため）
合計　１年目　>２億　２年目　>３億　３年目　>５億　となる。

受け身の体制ではなく、以下の信用形成の努力を続ける。（広報戦略を兼ねる）
・ビジネスコラム週２回更新　≒閲覧日々平均　20PV　2013年より継続
リンク　http://nishi.my.homepage.ne.jp/
・メルマガ発行　週２回　保有配信先数　約500人　2013年より継続
・施策解説動画　累計2,000以上配信　ｃｈ登録者　250人　2016年より継続
なるべく１分以内のショート動画になる様に説明を要約
リンク　https://www.youtube.com/@user-qx7ii1ng5l
・認定支援機関としての評判　事業再構築支援期間として、中小企業庁の採択一覧に載った回数
事業再構築補助金　通算50回以上　ものづくり補助金　2022年２回

・出版ブランドより　18冊発刊済み
今後も年１～２冊発刊計画
全て三恵社より出版、AMAZON　西河豊で検索
近年の当社発刊の図書

書籍名	発行時期
「海外ビジネススタートの教科書」	2023年９月
「労務管理技術便覧」	2023年１月
「EX－CFOを活用せよ！」	2022年７月
「事業再構築の教科書」	2021年
「非接触ビジネス推進と事業再構築」	2021年

4. 知恵／強み、弱み、KPI

・簡易SWOT分析

強み	弱み
コンサル業界の一般的強み 仕事は比較的取りやすく、利益率も投資原価がないので悪くない ハードの投資原価がない	コンサル業界の一般的弱み 一般的に労働生産性は低く生業的 コンサル業務は苦しくなるとワンテーマ・パッケージ・マニュアル的営業トークに偏りがちになる（特に大手コンサル会社）

・競合比較

コンサルティング会社	
長所	サイトやセミナーの方式（資料）が洗練されている。
短所	・着手金等がある程度いる場合が多い。 ・営業と実行部隊が分かれている。 ・コストがペイしない施策はフオローしない。 ・推薦するサービスが自社都合になる。（あるいはフルライン営業）
士業事務所	
長所	・基本的に親しみやすい。 ・専門性がある様に顧客に映る。
短所	・自分の出来る単一施策の施策活用となる。 （補助金・助成金サポートのこと） ・社会保険労務士は顧問契約が先にくる場合が多い。 ・顧問相手に聞いても苦手分野として逃げられるケースがある。 ・士業の法律により自分が取り扱えない申請があり、紹介先（他士業）を準備しているケースもあるが、レアケースである。
行政の相談機関	
長所	・信頼性がある。 ・政府の力の入れている施策の窓口は存在する可能性が高い。 （しかし、組織のつぎ足しとなりやすく、電話のたらいまわしも発生している）
短所	・行政機関の性格上営業はできない。 ・どんな人の指導を受けるか分からない。 ・組織のどこで受けているのか分からない。 ・無料が多い分、時間コストがかかる。 （それが分かっている事業主は活用しない） ・商工会議所系は基本的に経済産業省系施策に強く、厚労省施策は別外郭団体の紹介になる

以上から考えられるCSF（主成功要因）と差別化要因解説
現在の経営戦略の知恵として、いたってシンプルな「横（情報収集、情報提供）にも縦（業務遂行力）にも強い会社」を目指しているが、これは外部環境分析として、 ・コンサルティング会社は固定費が大きい故、フルパッケージサービスのマニュアル販売

である。
・士業事務所は、顧問になってもらえれば相談しやすいが、幅が狭い。
・行政は敷居が高く、組織が分かりにくい。
という弱点がある。そこで、クライアントごとにワントウワンマーケティングをして、経営に関するソフトも販売する。
機動的に動くために、
・顧問契約はしない。
・直接雇用人員は持たない。
という一般的な士業事務所とは逆転の発想で臨んでいる。
ＩＴ支援事業者免許によるソフト販売に関しては、当社は以前より、書籍の販売の広報に焦点を置合わせてきたノウハウがある。具体的には、課題解決型の深いコンサルティング避けて、支援策の活用を一定期間サービスした後は、ソフト購入に誘導している。
この戦略をコンサルティング会社がベンチマーキングしようとしても粗利の高い既存サービスと粗利の薄いソフト販売が自社内で競合することになりトラブルを招くだろう。

・当社知的資産

（リスク分析）　まず、新サービス設計時に代表者がリスク分析を行う。

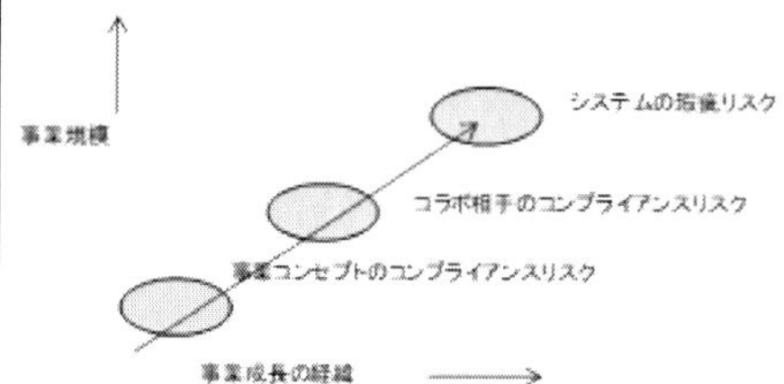

（販売・取引スキーム） ここでは株式会社西河マネジメントセンターをNMSと略称
ソフト販売（IT支援事業者の幹事会社の免許）も出来るのでバリエーションは広がっている。

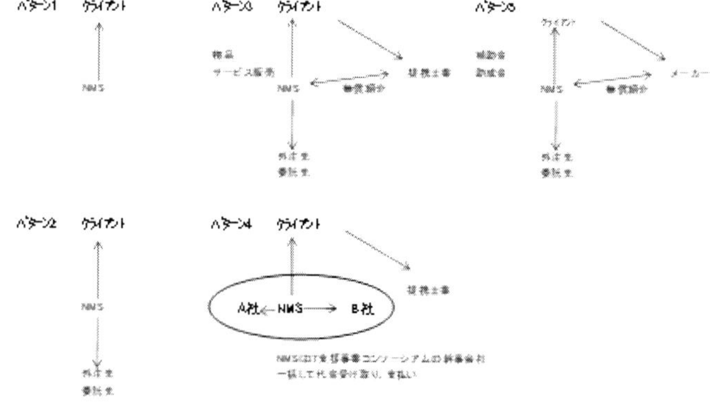

パターン３～５がスケールが効くが、システムリスクも高いので慎重なリスク分析が必要

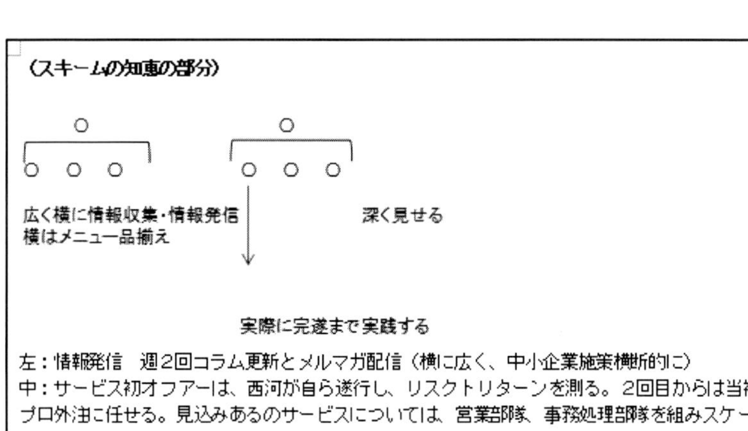

左：情報発信　週2回コラム更新とメルマガ配信（横に広く、中小企業施策横断的に）
中：サービス初オファーは、西河が自ら遂行し、リスクトリターンを測る。2回目からは当社受付で、プロ外注に任せる。見込みあるのサービスについては、営業部隊、事務処理部隊を組みスケールする。

〔コンサルティングとソフト販売〕
ワントゥワントゥワンマーケティングでひとつひとつのクライアントを線で追いかけていく。ワントゥワンでコンサルで顧客を育ててソフトも売る。ソフトは売れる時勢もあるので、意識する。常に、次の時代に売れるソフトの開発に一定コストを投資する。（次は人的資本経営とハラスメント予防）

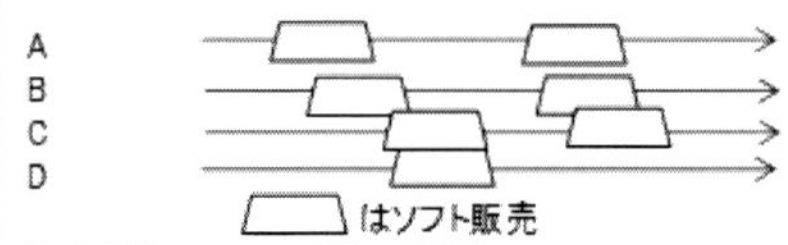

波は企業TPOや、時代の雰囲気

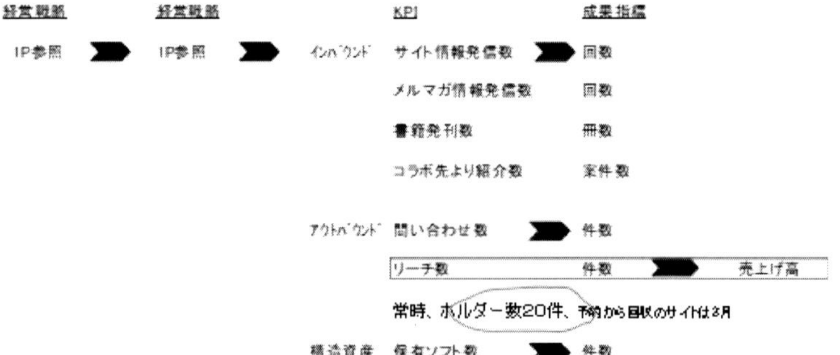

インバウンド戦略はもともと経営者の得意分野であり、好んでやる傾向があるので（以前はKPIとして目標化していたが）KPIは設けない。アウトバウンド戦略は問い合わせから始まり営業DMから成約まで、いかにスムーズにもっていくかが勝負の分かれ目とみている。リーチ数とは予約のこと。

（将来的なサービス開発）

補助金・助成金に頼らないことを目指して、提供メニューのバリエーション拡大のために、サービスを開発していく。（人的資本経営助言・M＆A支援・海外進出戦略支援など）

（当社内での既存戦略との相違点）～ガイド目標の進化～

・西河経営・労務管理事務所での2020年認定経営革新法では、商品をフルパッケージでセールスしていたのを、顧客に合ったサービスのセレクト方式とした。
直接雇用社員の雇用と教育としていたが、プロの集団でのクリテイカルチェーンでの付加価値向上とした。
西河マネジメントセンターでの2023年認定経営革新法との違いは顧客の売上ガイドを２商品以上で100万以上にしていたのを２種類以上という歯止めはなくし、300万以上と上方修正した。
サービスラインナップを時流に応じて強化したので以下の２種類を追加した。
Ⅳ　人的資本経営に関すること　人的資本経営・ハラスメント予防
Ⅴ　ソフト販売に関すること　　IT支援事業者としての経営ソフト販売
KPIをコラム数メルマガ数などを落とし、リーチ数（予約数）の常時20件ホールドのみに変更した。

５．事業展開／経営戦略、事業計画（過去履歴の経験則より以下の鉄則を経営方針に入れている）

STAGE	年	PRO	経験則NO
STA1	2000	・診断協会からの斡旋業務で売り上げを構成	1
黎明期		・売り上げは順調に増えるも生業性高く、うつ傾向に	2
STA2	2006	・海外進出サポート事業のパッケージまとめる	
模索期		・海外取材して初出版	
		・売り上げ的には惨敗	3
STA3	2012	・ものづくり補助金の虎の巻販売当たる	4
事業展開期		・ネット・メールで遠方取引も始め地方に存在する優良顧客も発見	
		・メルマガによる誘導とネット情報発信強化する。	5
		・マニュアルブームは短期に終わり問い合わせ数激減	
STA4	2016	・地域商工会の会長職拝命で、自分の時間なくなる	
実業化模索期		・リモートで遠隔地雇用でスタッフ数増やすがトラブルにもつながる	6
		・補助金・助成金ビジネスで前受け金収入増やすがトラブルも発生	7
		・フルラインでパッケージ販売するがトラブルも発生	8
STA5	2022	・個人・法人の事業整理（個人は社労士業務・法人はコンサル業務）	
法人運営期		・直接雇用によるスタッフ育成からプロ外注との契約	9
		・法人にて、経営革新法の目標設定（1先100万以上売り上げ）	
		・IT支援事業者免許獲得し経営ソフト販売を開始	10
		・M＆A支援事業者の認定申請して通る	
リアルタイム		・2024年2月年商1億突破する	
		・知的資産経営で法人の経営革新目標をブラッシュアップ	

リモート・パッケージ販売で個人にて革新法取得、コロナで逆に売り上げ減

サービス１先百万以上で法人で経営革新法取得、１年目、５千万目標で１億突破

経験則より経営に織り込む鉄則

1 下請けは、売り上げを稼ぐためではなく業務習熟のためのものとする。
2 生産的・提案的な業務開発を常に行う。
3 思い込みでのサービス開発は厳禁とする。
4 同一テーマ内でもっともユーザーに響くメニューで提供する。
5 マーケットで最も早い情報提供はリサーチと販売促進のために継続する。
6 リモート・DXは単なる当たり前の技術であり、それのみでは付加価値はない。
7 前受け金に重点を置いた売り上げはリスクが高いのでしない。
8 顧客ニーズのないパッケージ販売はしない。
9 当社はプロのネットワーク・クリテイカルチェーンの一環で事業を行う。
10 業態をサービス業と固定せず信用の上に成り立つソフトの小売業も行う。

6．会社概要

〔法人名称〕
株式会社西河マネジメントセンター

〔企業概要〕
会社名 株式会社西河マネジメントセンター
代表者名　　西河　豊

〔会社所在地〕
〒618-0091
京都府乙訓郡大山崎町円明寺北浦2-6、1-403
連絡先

〔開業年〕
２０２２年５月　(3月決算) 資本金　100万

〔保有資格〕
経営革新支援認定機関・IT導入支援事業者・M&A支援認定機関(以上法人資格)
中小企業診断士　社会保険労務士　(以上　代表者個人資格)

〔代表者履歴〕
昭和34年　京都府生まれ
昭和59年　国立大阪外国語大学（現大阪大学）　中国語学部卒業　検定　３級保有（英検２級）
昭和59年4月～平成12年4月京都みやこ信用金庫勤務務
平成12年　独立開業にて現在に至る
令和４年５月　株式会社西河マネジメントセンター　設立

〔事業種目〕
経営コンサルテイング全般
・労務管理チューデリジェンス
・リスキリング支援
・人的資本経営（DX研修、ハラスメント予防研修など）
・海外進出支援
・新事業展開に役立つ補助金
・融資制度情報（申請業務）
・労務管理向上・従業員のキャリアアップ
・雇用に役立つ厚生労働省助成金情報（申請業務）
・経営に役立つソフトの販売（リスキリング研修・経営関連ソフト全般）
・Ｍ＆Ａの仲介・FA（M&A認定支援機関）

〔従業員数〕
0人

７．あとがき／知恵の経営報告書とは

１）知的資産経営とは
　知的資産経営とは、従来バランスシートに記載されている資産以外の無形の資産であり、企業における競争力の源泉である人材、技術、技能、知的財産（特許・ブランドなど）、組織力、経営理念、顧客とのネットワークなど、財務諸表には表れてこない、目に見えにくい経営資源の総称を意味します。よって、「知的資産経営報告書」とは、目に見えにくい経営資源、即ち非財務情報を、債権者、株主、顧客、従業員といったステークホルダー（利害関係者）に対し、「知的資産」を活用した企業価値向上に向けた活動（価値創造戦略）として目に見える形でわかりやすく伝え、企業の将来性に関する認識の共有化を測ることを目的に作成する書類です。経済産業省から平成１７年１０月に「知的資産経営の開示ガイドライン」が公表されており、本報告書は原則としてこれに準拠しています。

２）注意事項
　本知的資産経営報告書に掲載しました将来の経営戦略及び事業計画ならびに付帯する事業見込みなどは、全て現在入手可能な情報をもとに、当社の判断にて掲載しています。
そのため、将来にわたり当社の取り巻く経営環境（内部環境及び外部環境）の変化によって、これらの記載内容などを変更すべき必要が生じることもあり、その際には本報告書の内容が将来実施又は実現する内容と異なる可能性もあります。よって、本報告書に掲載した内容や数値などを、当社が将来に亘って保証するものではないことを、十分にご了承願います。

以　上

気付き　上級
145P の売り上げの増加グラフで、ここだけ、ワンポイントで吹き出しで「急速な伸びがエビデンス」と入れている。
このようにワンポイントだけの強調は効く。
この表では、個人事業の売り上げをシフトしただけではないのかと言われないように両方の数値を明示している。
下のサービス分類別では、人的資本経営・ハラスメント予防に実績数値が入っていないが、今後の展開で準備しているという鋭い人にだけ分かる箇所も入れている。

９．財務報告書（決算・仮決算時）

当社では、半期ごとに、金融機関への財務数値の報告を決算日、仮決算日過から間を開けずに行っています。
この報告は 3 月 31 日に決算が終わり、4 月上旬に速報値として報告しています。
金融機関として、一向に数字がまとまらない事業所とスピードで纏めて持ってくる事業所とどちらに信用をつけて、貸したくなるかは考えるまでもないことです。
また、この行為は自社としても常に総括していく姿勢につながります。
スピード処理するためにその決算期間中に前もってまとめていかないといけません。それが自社のしたことと数字のリンクのトレーニングになります。
この際、目的は概要を伝えるということですので、後日、細かい数値に修正があったとしても問題にはなりません。

この点を分かっていない社長が多すぎます。

気付き　中級
心理学の用語に両面提示というのがあります。
悪い情報も出しておいた方が相手は信用するという意味で、ここでは、今後の課題にしっかり書いています。（156P 参照）
対金融機関にはその方が良い。

＊＊信用金庫＊＊支店　＊＊課長　様

株式会社西河マネジメントセンターの３月決算数値です。
文責　代表取締役　西河　豊

決算数値概況　（千円）

	R6/3	R5/3
売上高	148,922	(25,651)
売上原価	36,080	
総利益	112,864	
一般管理費	110,588	(24,160)
営業利益	2,254	
支払利息	63	
経常利益	2,189	(1,133)
税金試算	575	(311)
税引き後利益	1,619	(822)

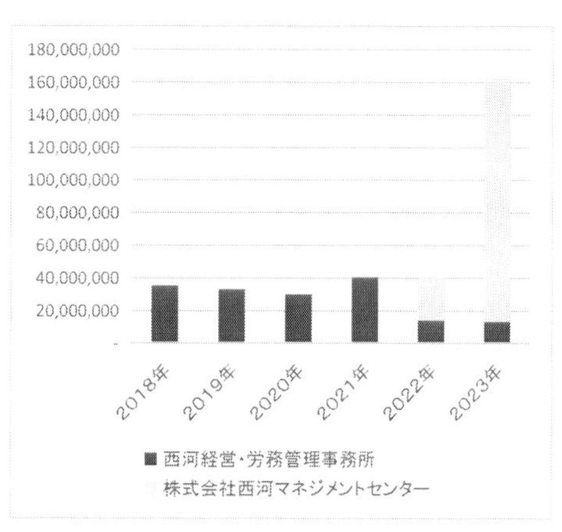

特別利益・特別損失なし
販管費のうち主なもの
役員報酬　2,400　広告宣伝費　9,144　販売手数料　36,646　支払手数料　29,891　外注費　27,737
（販売手数料は、営業成績連動の費用、支払手数料は出来高連動の支払、外注費は労働費用）

特記事項
中小企業診断士・社会保険労務士の兼業で、社会保険労務士のいわゆる法律業務（１号２号）は民間法人で受注することが出来ずに、個人事業も残している。（上の表参照）
経済産業省・厚生労働省施策活用を顧客に支援する形であるが、直近ではその企業側支出の目的となる経営ソフトの販売出来るIT 支援事業者免許を取得した。（ベンダーとコンソーシアム）

結果、その売り上げが急速に増し、全体売り上げの増加に寄与した。
ソフト販売の本年実績は売上で4千万程度、利益率は10%
取引形態としては、ベンダーから顧客への直納で、顧客からの入金が先で後仕入れが立つ形。よってこの分の在庫は当社にはない。
貸借対照表上の在庫は自著の本などの別物である。
総論として、いままで準備してきた戦略がかみ合い、終盤ソフト販売などで一気に売り上げ成果が出て前年対比5倍以上になった。
しかし、先行投資の分、利益率は低い。

今後の課題

速度を上げるために資金繰りでの最低残高を残し投資してきたが、本年は利益留保にシフトする。節税策策定も並行する。投資先ごとの収益性・効率性を測る仕組みを作る。
今、スケールをかけている営業部隊が稼働し、良い方のシナリオが出ると売上が一気に10億に近くなる。
代表取締役がかなり会計業務に時間を取られているので代替策を検討する。

今後の予定（節税策）

前期も使えなかった節税原資がある。
・本の償却（≒100万）
・倒産防止掛け金の増額
・事前届け出給与（効果は社会保険標準報酬のみ）

申告終了時には付表含め一式提出します。4月中旬には申告する予定です。
登記事項変更はありません。

貸借対照表

株式会社西河マネジメントセンター　　　　（単位：円）
令和 6年 3月31日 現在

資産の部		負債の部	
科目	金額	科目	金額
【流動資産】		【流動負債】	
［現金・預金］		［仕入債務］	
現金	5,930	＊仕入債務 計	0
普通預金	4,314,730	［他流動負債］	
普通預金２	21,505	未払金	61,140
＊現金・預金 計	4,342,165	未払費用	5,716,737
［売上債権］		預り金	506,210
売掛金	8,596,500	未払法人税等	464,800
＊売上債権 計	8,596,500	未払事業税等	104,900
［棚卸資産］		＊他流動負債 計	6,853,787
商品	1,514,150	＊流動負債 合計	6,853,787
＊棚卸資産 計	1,514,150	【固定負債】	
［他流動資産］		長期借入金	4,585,000
＊他流動資産 計	0	＊固定負債 合計	4,585,000
＊流動資産 合計	14,452,815	負債の部合計	11,438,787
【固定資産】		純資産の部	
［有形固定資産］		【株主資本】	
車両運搬具	178,900	［資本金］	
一括償却資産	130,680	資本金	1,000,000
＊有形固定資産 計	309,580	＊資本金 合計	1,000,000
［無形固定資産］		［資本剰余金］	
＊無形固定資産 計	0	［資本準備金］	
［投資その他の資産］		＊資本準備金 計	0
＊投資その他の資産 計	0	＊資本剰余金 合計	0
＊固定資産 合計	309,580	［利益剰余金］	
【繰延資産】		［利益準備金］	
開業費	118,400	＊利益準備金 計	0
＊繰延資産 合計	118,400	［その他利益剰余金］	
		繰越利益剰余金	2,442,008
		＊その他利益剰余金 計	2,442,008
		＊利益剰余金 合計	2,442,008
		＊株主資本 合計	3,442,008
		純資産の部合計	3,442,008
資産の部合計	14,880,795	負債・純資産の部合計	14,880,795

損益計算書

株式会社西河マネジメントセンター　　（単位：円）
（自 令和 5年 4月 1日　至 令和 6年 3月31日）

【売上高】		
売　上　高	148,922,902	
売上高 合計		148,922,902
【売上原価】		
期首商品棚卸高	868,450	
仕　入　高	36,725,700	
期末商品棚卸高	1,514,150	
売上原価 合計		36,080,000
売上総利益		112,842,902
【販売管理費】		
販売費・一般管理費 合計	110,588,742	
営業利益		2,254,160
【営業外収益】		
雑　収　入	30	
営業外収益 計	30	
【営業外費用】		
支払利息	64,744	
営業外費用 計	64,744	
経常利益		2,189,446
【特別利益】		
特別利益 計	0	
【特別損失】		
特別損失 計	0	
税引前当期利益		2,189,446
法人税・住民税及び事業税		569,700
当期純利益		1,619,746

おわりに

今回の売り上げ１億突破について、それを私から聞いた人は99％正常に反応できない。
言葉がないのである。
「おめでとう」といえばいいだけのことなのに・・・

それだけ破壊力があるのだな、と思うと同時に、人にはジャラシーを始めとしていろんな感情があり、通常は決まり文句を決めておいてのロールプレイングゲームをしているということ。人の慶事で「おめでとう」といえている自分が誇らしいのである。その感情がなぜか壊れる。自分がやったことない、経験したことがないのでイメージがわかないということだ。

そんな中で、仲のいい女性経営者のＭさんだけは、普通に祝福してくれた。
Ｍさんは私が育てたベンチャーであり、今では売り上げ３億を上げている。
Ｍさんにとっては通ってきた道なので、その感覚が分かるのである。
私はＭさんが今の事業規模になるまでにどれほど苦労してきたかを見てきている。
彼女も私の今までの苦労を知っている。
だから、目でかわす言葉は実は売り上げのことではなく、この今、元気に仕事をやれていること自体が祝福なのである。
分かるだろうか？この感覚
やったことは分かるが、やっていないことは分からない、やっていないことは出来るかどうか少しずつ実験していけばいい。

やっていなことはあれこれ考えるより、やった人に習った方が早い。敬意をもって聞くべきだ。
その過程で恐れを持つ必要はない。Ｍさんも同じスタンス
７回転んで８回目にやっと成功した。
本書でいうところの器はその間にかなり大きく広がっていたのだろう。

人は今のままでいたいという潜在心理からは免れない。
何かやりたい人は外部の敵ではなく、自分との戦いが主戦場となる。
人生も終盤になり自分の夢は何だったのか？と考えることがある。
それは組織の長になることでも、今回のテーマのように規模的に大きなことを成し遂げることでもなかった。
いや、機会があればとは思っていたが 1 番手の夢ではなかった。
では、何が夢だったかというと、「自分の夢」を作り上げることだった。しかし、自分の夢に対して外部環境がそれを認めるようにならないと達成したとはならない。
そこで、実績というエビデンスが必要なのだ。
そのエビデンスがあってこそ人は認める。
ずっとそうはならなかった。外部環境にインパクトを与えられなかったということだ。
常に「何故だ、何故だ、何故だ」と繰り返してきた。

そして、絶えず、試行を重ねてきた。
それだけは、言える。まったく嘘はない、試行錯誤を重ねれば、壁をぶち破ることもあるんだと再認識した。

人はうまくいっていないのはお金（資金）がないからと考える。それは違う、必要なのはお金ではない何か？
周りで成功した人は、漏れなくそうである。資金力ではなかった。お金がないから何もできないと思い始めたら自分が弱っている証拠と思った方がよい。

直近で読んだ本にベント・フリウビヤ，ダン・ガードナーの「BIG　THINGS」という本よりひとつ紹介する。
これは、その題の通り大きなことを成し遂げるにはという視点で書かれているのですが「PLAN は慎重に、行動は一気に」と説かれている。
その理由として、
・人の生命はそもそも有限
・１日の約３分の２は睡眠と生活時間
そうなると、その残り分をシェアダウンした時間が活動可能になるかというとそうではない。
・金融危機などのグローバル化した故のシステムリスク
・パンデミックなどの伝染リスク
・その他、地震などの天災・事変とその後遺症
があり、この期間が思っているより長い。
これは、今後、ますます正常に活動できる時間を奪っていく。
貴方には、そして、私にもあまり時間がない。

自分の夢を叶え、なおかつ、外部環境にもインパクト与えてみないか？それに必要なのは、
そこに進む覚悟だけである。

著者略歴

西河　豊（にしかわ　ゆたか）
1984年　大阪外国語大学　中国語学部（現大阪大学　国際学部）
1984年　4月～2000年2月　金融機関勤務
2000年　独立開業
2016～2017年　大山崎町商工会会長
2022年　株式会社西河マネジメントセンター　設立

現在　西河経営・労務管理事務所
株式会社西河マネジメントセンター代表
中小企業診断士、社会保険労務士（以上　個人資格）
経営革新支援認定機関、M&A支援認定機関、IT導入支援事業者（以上　法人資格）

主著『補助金獲得へのロードマップ』
『助成金獲得へのロードマップ』
『待ったなし！外国人雇用』
『非接触ビジネス推進と事業再構築』
『事業再構築の教科書』
『ＥＸ－ＣＦＯを使え！』
『労務管理技術便覧』
『海外ビジネススタートの教科書』

以上　三恵社

士業事務所経営　１億円へのエチュード（練習）

2024年７月１１日　初版発行

監　修　株式会社西河マネジメントセンター
著　者　西河　豊
定　価　本体価格 1,800円＋税
発行所　株式会社　三恵社
〒462-0056 愛知県名古屋市北区中丸町 2-24-1
TEL 052-915-5211　FAX 052-915-5019
URL http://www.sankeisha.com

ISBN 978-4-86693-978-0 C2034